2021 湖南创新发展研究院智库研究报告

绿色创新与高质量发展

彭文斌 曾世宏 等⊙著

Green Innovation and
High Quality Development

经济管理出版社
ECONOMY & MANAGEMENT PUBLISHING HOUSE

图书在版编目（CIP）数据

绿色创新与高质量发展/彭文斌等著 . —北京：经济管理出版社，2022. 3
ISBN 978 - 7 - 5096 - 8348 - 4

Ⅰ. ①绿…　Ⅱ. ①彭…　Ⅲ. ①区域经济发展—研究—湖南　Ⅳ. ①F127. 64

中国版本图书馆 CIP 数据核字（2022）第 040425 号

组稿编辑：高　娅
责任编辑：高　娅
责任印制：张馨予
责任校对：王淑卿

出版发行：经济管理出版社
　　　　　（北京市海淀区北蜂窝 8 号中雅大厦 A 座 11 层　100038）
网　　址：www. E - mp. com. cn
电　　话：（010）51915602
印　　刷：北京晨旭印刷厂
经　　销：新华书店
开　　本：787mm×1092mm/16
印　　张：12. 5
字　　数：245 千字
版　　次：2022 年 3 月第 1 版　　2022 年 3 月第 1 次印刷
书　　号：ISBN 978 - 7 - 5096 - 8348 - 4
定　　价：98. 00 元

主要作者简介

彭文斌，湖南郴州人，复旦大学经济学博士、教授、博士生导师，湖南创新发展研究院院长。主要研究方向为环境经济与创新战略。

曾世宏，湖南益阳人，南京大学经济学博士，中国社会科学院财经战略研究院产业经济学博士后、教授、博士生导师，湖南创新发展研究院副院长。主要研究方向为创新经济与创新政策。

赵伟，湖北潜江人，首都经济贸易大学经济学博士、副教授、硕士生导师，产业经济与绿色创新研究所所长。主要研究方向为环境经济学、绿色发展、可计算一般均衡模型分析。

张松彪，湖南炎陵人，湘潭大学经济学博士、副教授、硕士生导师，副院长。主要研究方向为区域经济与创新发展。

李华金，湖南岳阳人，湘潭大学经济学博士、讲师。主要研究方向为公司治理与企业创新。

李仁宇，河南商丘人，湖南大学经济学博士、讲师。主要研究方向为对外贸易高质量发展。

刘红峰，湖南湘乡人，湖南农业大学经济学博士，中国社会科学院经济研究所博士后、讲师。主要研究方向为农业经济与生态经济。

郭晓，河南汝南人，湖南农业大学经济学博士、讲师。主要研究方向为产业经济和创新发展。

邝嫦娥，湖南郴州人，湖南科技大学经济学博士、讲师。主要研究方向为环境治理与绿色发展。

目　录

上篇　创新发展

中国重点城市和湖南创新能力评价*

内容提要：当前创新能力已成为各国应对挑战、实现可持续发展、抢占新一轮制高点的关键选择。本文认为，在创新发展环境和创新平台支撑下，创新的过程可以分解为创新要素投入、创新成果产出和创新成果转化三个阶段。基于国内外主要机构发布的创新评价研究报告和主要评价指标，本文构建了一套由两个层次指标构成的中国省份、重点城市创新能力评价指标体系，运用熵权法分别对中国 31 个省份、119 个重点城市、湖南省 14 个城市创新能力进行测度，并对测度结果进行深入剖析，最终提出可提升城市创新能力的政策建议。旨在帮助政府等主体掌握区域创新水平，有助于建设创新型城市，促进区域经济发展，提升区域经济创新实力。

关键词：31 个省份；119 个重点城市；湖南 14 个城市；创新能力

核心观点：

（1）2019 年全国创新能力综合得分排名前五的省份分别是北京、上海、浙江、广东、天津，都处于东部地区。其中，北京在东部地区中排名第一，湖北在中部地区中排名第一，陕西在西部地区中排名第一，吉林在东北地区中排名第一；湖南在 31 个省份中排名第 12，中部地区排名第二。与 2018 年排名相比，各省份创新能力排名波动幅度较小。

（2）在全国 119 个重点城市中，2019 年全国创新能力综合得分排名前 10 的城市分别是深圳、东莞、北京、珠海、中山、广州、上海、佛山、杭州、武汉。排名后 10 位（从第 110 位至第 119 位）的城市分别是南阳、桂林、沧州、鞍山、上饶、信阳、阜

---

　　* 本文是国家自然科学基金面上项目（2021JJ30282）、湖南省自然科学基金面上项目（2021JJ30282）、湖南省教育厅社科基金项目（19C1032）的阶段性成果。

阳、商丘、荆州、邯郸。北京在四个直辖市中排名第一；深圳在 15 个副省级城市中排名第一；东莞、珠海、中山、佛山、苏州在 100 个城市中排名前五。此外，长沙、株洲、湘潭、郴州、岳阳、衡阳在 119 个重点城市中分别排名第 21、第 56、第 65、第 80、第 97、第 103。

（3）每万名从业人员中科技活动人员数、每百万人中博士生毕业人数、人均 R&D 内部经费支出额、人均 R&D 外部经费支出额、每万人国家自然科学基金面上项目经费、每百万人拥有国家实验室数量、每百万人拥有国家自然科学基金面上项目数、每百万人拥有国家社会科学基金项目数、每百万人"新三板"上市公司数量、每万人 SCI 和 EI 工程发文量、每万人外观设计专利申请数、每万人发明专利授权数、每万人外观设计专利授权数、每万人技术市场成交额 14 个指标是影响省级创新能力综合得分的重要因素。

（4）每万名从业人员中 R&D 人员数、科学技术支出占地方一般公共预算支出的比重、教育支出占地方一般公共预算支出的比重、每万人规模以上工业企业新产品销售收入、每百名学生拥有专任教师人数、每百人拥有医院床位数、每百人拥有商品房销售面积 7 个指标是影响重点城市创新能力综合得分的重要因素。

（5）在湖南省 14 个城市中，2019 年创新能力综合得分排名前三的城市分别是长沙、株洲和湘潭；排名后三位的分别是邵阳、张家界和湘西；排名中间的城市（第 4 位到第 11 位）分别是岳阳、衡阳、娄底、郴州、益阳、常德、永州和怀化。

一、创新能力评价体系构建

当今世界，新一轮科技革命和产业变革迅猛发展，科技创新已成为各国应对挑战、实现可持续发展、抢占新一轮制高点的关键选择。目前我国正处在转变发展方式、优化经济结构、转换增长动能的攻关期，深化供给侧结构性改革、培育壮大发展新动能、防范重大风险、维护国家安全、提升综合竞争力对科技创新提出了新的要求。党的十九届五中全会强调，要坚持创新在我国现代化建设全局中的核心地位，把科技自立自强作为国家发展的战略支撑。创新始终是我国发展的核心动力，各省、市要高度重视创新发展，结合实际情况，针对所存在的问题进行调整，这就需要对区域创新系统进行科学评价。本文以此为研究切入点，在综合国内外相关研究的基础上，分别构建了中国 31 个省份与 119 个重点城市的创新能力评价指标体系，旨在准确把握城市创新能力发展情况，充分了解影响城市创新能力提升的主要因素，并提出相应的政策建议。

区域创新系统是一个复杂的系统。目前，国内外关于创新能力的测度没有构建一套统一的评价指标体系。本文认为，在创新发展环境和创新平台支撑下，创新的过程可以分为三个阶段：第一个阶段是创新要素投入阶段，政府和企业为创新提供财力支持，科研院所和高等学校为科技创新提供人力资源支持，投入的科技创新资源协同作用，共同促进科技创新成果产生；第二个阶段是创新成果产出阶段，产出阶段需要区域各创新主体共同参与，促使创新资源合理配置，产、学、研有效结合，才能最大化科技创新成果转化；第三个阶段是创新成果转化阶段，创新成果产生后，必须要经过企业这个载体才能产生经济和社会效益，这也是创新推动经济发展最关键的一步。因此，本文将区域创新能力定义为：区域通过创新要素的合理配置投入促进创新成果产生，利用企业为载体将创新成果转化为经济效益，以此来促进区域经济发展，提升区域经济实力。

（一）指标体系

为了保持研究结果的连续性和可比性，本文继续沿用《2019 湖南创新发展研究院智库研究报告》和《2020 湖南创新发展研究院智库研究报告》中的创新能力评价指标体系。评价指标体系由两个层次指标构成：中国 31 个省份创新能力评价指标体系（见表1）、中国重点城市创新能力评价指标体系（见表2），以综合反映中国各城市之间的创新能力发展情况。

表 1　中国 31 个省份创新能力评价指标体系

一级指标	序号	二级指标
创新要素投入（11 个）	1	每万名从业人员中科技活动人员数（人/万人）
	2	每万名从业人员中 R&D 人员数（人/万人）
	3	每百万人中博士生毕业人数（人/百万人）
	4	科学技术支出占地方一般公共预算支出的比重（%）
	5	教育支出占地方一般公共预算支出的比重（%）
	6	人均 R&D 内部经费支出额（元/人）
	7	人均 R&D 外部经费支出额（元/人）
	8	每万人规模以上工业企业新产品开发经费支出额（万元/万人）
	9	每万人规模以上工业企业技术改造经费支出额（万元/万人）
	10	每万人高新技术产业消化吸收经费支出额（万元/万人）
	11	每万人国家自然科学基金面上项目经费（万元/万人）

一级指标	序号	二级指标
创新平台支撑 （8个）	12	每百万人拥有国家高等学校数量（所/百万人）
	13	每百万人拥有国家实验室数量（个/百万人）
	14	每百万人拥有国家高新区数量（个/百万人）
	15	每百万人拥有 R&D 机构数（个/百万人）
	16	每百万人拥有规模以上工业企业 R&D 项目数（个/百万人）
	17	每百万人拥有国家自然科学基金面上项目数（个/百万人）
	18	每百万人拥有国家社会科学基金项目数（个/百万人）
	19	每百万人"新三板"上市公司数量（个/百万人）
创新成果产出 （7个）	20	每万人 SCI 和 EI 工程发文量（篇/万人）
	21	每万人发明专利申请数（件/万人）
	22	每万人实用新型专利申请数（件/万人）
	23	每万人外观设计专利申请数（件/万人）
	24	每万人发明专利授权数（件/万人）
	25	每万人实用新型专利授权数（件/万人）
	26	每万人外观设计专利授权数（件/万人）
创新成果转化 （4个）	27	每万人技术市场成交额（万元/万人）
	28	每万人规模以上工业企业新产品销售收入（万元/万人）
	29	每万人高新技术产业新产品销售收入（元/万人）
	30	每万人高新技术产业工业总产值（亿元/万人）
创新发展环境 （6个）	31	每百人拥有互联网宽带接入用户数（户/百人）
	32	每万人拥有公共汽车数（辆/万人）
	33	每百名学生拥有专任教师人数（人/百人）
	34	每百人拥有医院床位数（张/百人）
	35	每百人拥有商品房销售面积（平方米/百人）
	36	每万人年末金融机构贷款余额（亿元/万人）

表 2　中国重点城市创新能力评价指标体系

一级指标	序号	二级指标
创新要素投入 （6个）	1	每万名从业人员中科技活动人员数（人/万人）
	2	每万名从业人员中 R&D 人员数（人/万人）
	3	科学技术支出占地方一般公共预算支出的比重（%）
	4	教育支出占地方一般公共预算支出的比重（%）
	5	人均 R&D 内部经费支出额（元/人）
	6	每万人规模以上工业企业技术改造经费支出额（万元/万人）

续表

一级指标	序号	二级指标
创新平台支撑 （3个）	7	每百万人拥有国家高等学校数量（所/百万人）
	8	每百万人拥有 R&D 机构数（个/百万人）
	9	每百万人"新三板"上市公司数量（个/百万人）
创新成果产出 （3个）	10	每万人 SCI 和 EI 工程发文量（篇/万人）
	11	每万人专利申请数（件/万人）
	12	每万人专利申请授权数（件/万人）
创新成果转化 （4个）	13	每万人技术市场成交额（万元/万人）
	14	每万人规模以上工业企业新产品销售收入（万元/万人）
	15	每万人高新技术产业新产品销售收入（元/万人）
	16	每万人高新技术产业工业总产值（亿元/万人）
创新发展环境 （6个）	17	每百人拥有互联网宽带接入用户数（户/百人）
	18	每万人拥有公共汽车数（辆/万人）
	19	每百名学生拥有专任教师人数（人/百人）
	20	每百人拥有医院床位数（张/百人）
	21	每百人拥有商品房销售面积（平方米/百人）
	22	每万人年末金融机构贷款余额（亿元/万人）

（二）指标解释

《2020 湖南创新发展研究院智库研究报告》对表1和表2评价指标进行了较为详细的说明，在此不再赘述。

（三）评价对象

中国省份、中国重点城市创新能力评估样本的广泛性和典型性，关系到评估与研究结论的准确性和价值。本文在考虑城市统计数据的可得性、准确性和标准性的基础上，选取中国 31 个省份和 119 个重点城市进行量化研究。具体的城市样本选取标准包括以下三个方面：第一，城市统计数据的可得性、准确性和标准性；第二，城市在所在省份的社会经济地位和代表性；第三，城市的研究价值。依据以上标准选择的 119 个城市，涵盖了全国一、二、三线城市①，基本体现了中国不同区域和不同经济发展水平的城市状况，具有很强的代表性。

对中国省份、中国重点城市创新能力进行量化评估，要求样本数据完整，来源权

---

① 此处的一、二、三线城市是根据《第一财经（CBN）》旗下"新一线城市研究所"发布的《2019 中国城市商业魅力排行榜》划定的，具体的城市分布见《2019 湖南创新发展研究院智库研究报告》。

威，基本数据必须来源于公认的国际组织机构和国家官方统计调查。本文力争采用最新数据分析中国省份、重点城市当前创新能力情况，相关数据主要来源于《中国统计年鉴》《中国城市统计年鉴》《中国科技统计年鉴》《中国火炬统计年鉴》等国家、地区、城市政府公布的统计年鉴、统计公报等官方出版物，部分缺失数据采用插值法进行填补。除官方公布的统计数据外，也从国际知名研究机构和网站获取部分数据，如中国知网、中国经济金融研究数据库（CSMAR）等。

从创新要素投入来看，2019 年我国 R&D 经费继续保持稳定增长的态势。R&D 经费总量首次超过 2 万亿元，仅次于美国，居世界第 2 位。R&D 经费投入强度为 2.23%，比 2018 年提高了 0.09 个百分点。其中，企业 R&D 经费投入为 16921.8 亿元，占全社会 R&D 经费的 76.4%。国家财政科技拨款达到 10717.4 亿元，占国家公共财政支出的 4.5%。2019 年我国 R&D 人员总量继续增长，达到 480.1 万人年，万名从业人员中 R&D 人员为 62.0 人年。R&D 研究人员总量达到 210.9 万人年，万名从业人员中 R&D 研究人员为 27.2 人年。R&D 人力规模居全球首位，R&D 人力投入强度仍低于西方发达国家，但差距有所减小。

从创新成果产出来看，2019 年我国专利申请量和授权量增速有所放缓。三类专利中，发明专利申请量比上年减少了 9.2%，占专利申请总量的 32.0%。国内发明专利申请量达到 124.4 万件，比上年减少了 10.8%。国内发明专利授权量为 36.1 万件，比上年增长了 4.3%。国内企业发明专利申请量与授权量分别占国内发明专利申请量与授权量总数的 65.0% 和 61.6%。我国每万人发明专利拥有量已达 13.3 件。我国 PCT 国际专利申请量达到 5.9 万件，国际排名为第一。

从创新成果转化来看，2019 年我国科技创新活力进一步释放，科技成果供给总量大幅提升，全国技术交易总量实现高速增长。全国技术合同成交额首次突破两万亿元，为 22398.4 亿元，同比增长 26.6%。技术服务合同成交额实现"七连冠"，继续占据四类技术合同首位。电子信息、城市建设与社会发展、先进制造技术领域的技术交易额居前三位，其合同成交项数和金额均超过全国技术交易总项数和总金额的 50%。1000 万元以上重大技术合同为 21151 项，成交额为 17941.9 亿元，占全国技术合同成交总额的 80.1%。

从创新平台支撑和创新发展环境来看，2019 年，169 家国家高新技术产业开发区生产总值达到 12.1 万亿元，占国内生产总值的比重达 12.3%。国家高新区企业 R&D 人员 264.1 万人，折合全时当量 182.0 万人年；每万名从业人员中 R&D 人员为 822.1 人年，是全国平均水平的 13.3 倍。企业共拥有发明专利 85.8 万件，拥有境内发明专利 74.0 万件，占全国发明专利拥有量的 38.4%。2019 年，国家高新区企业认定登记的技术合同成交金额达到 6783.9 亿元，占全国技术合同成交额的比重为 30.3%。2019 年，169 家国家高新区中属于高技术产业的企业达 73679 家，占国家高新区企业总数的

52.2%，比上年提高2.3个百分点；从业人员达931.6万人，占国家高新区从业人员总数的42.1%。

（四）评价方法

为了保持研究结果的连续性和可比性，本文继续沿用《2019湖南创新发展研究院智库研究报告》和《2020湖南创新发展研究院智库研究报告》中的熵权法进行评价，在此不再赘述。

二、中国31个省份创新能力评价

（一）中国31个省份创新能力评价

通过运用熵权法（Entropy Weight Method，EWM）对中国31个省份进行测度，各指标的权重结果及2019年中国31个省份创新能力综合得分及排名结果分别如表3、表4所示。

由表3的权重结果易知，权重超过0.03的指标有14个，分别为每万名从业人员中科技活动人员数、每百万人中博士生毕业人数、人均R&D内部经费支出额、人均R&D外部经费支出额、每万人国家自然科学基金面上项目经费、每百万人拥有国家实验室数量、每百万人拥有国家自然科学基金面上项目数、每百万人拥有国家社会科学基金项目数、每百万人"新三板"上市公司数量、每万人SCI和EI工程发文量、每万人外观设计专利申请数、每万人发明专利授权数、每万人外观设计专利授权数、每万人技术市场成交额。根据信息熵的概念，指标波动的幅度越大，权重也就越大。这说明上面14个指标是影响省级创新能力综合得分的重要因素。从这些信息可以看出，R&D相关人员、经费投入、支撑平台、专利申请授权数、技术市场成交额等是提高省级创新能力的重要途径。

表3　中国31个省份创新能力评价指标体系及权重

一级指标	序号	二级指标	权重
创新要素投入 （11个）	1	每万名从业人员中科技活动人员数（人/万人）	0.0331
	2	每万名从业人员中R&D人员数（人/万人）	0.0200
	3	每百万人中博士生毕业人数（人/百万人）	0.0456
	4	科学技术支出占地方一般公共预算支出的比重（%）	0.0188

一级指标	序号	二级指标	权重
创新要素投入（11个）	5	教育支出占地方一般公共预算支出的比重（%）	0.0023
	6	人均R&D内部经费支出额（元/人）	0.0396
	7	人均R&D外部经费支出额（元/人）	0.0408
	8	每万人规模以上工业企业新产品开发经费支出额（万元/万人）	0.0222
	9	每万人规模以上工业企业技术改造经费支出额（万元/万人）	0.0189
	10	每万人高新技术产业消化吸收经费支出额（万元/万人）	0.0219
	11	每万人国家自然科学基金面上项目经费（万元/万人）	0.0450
创新平台支撑（8个）	12	每百万人拥有国家高等学校数量（所/百万人）	0.0110
	13	每百万人拥有国家实验室数量（个/百万人）	0.0657
	14	每百万人拥有国家高新区数量（个/百万人）	0.0156
	15	每百万人拥有R&D机构数（个/百万人）	0.0242
	16	每百万人拥有规模以上工业企业R&D项目数（个/百万人）	0.0249
	17	每百万人拥有国家自然科学基金面上项目数（个/百万人）	0.0490
	18	每百万人拥有国家社会科学基金项目数（个/百万人）	0.0396
	19	每百万人"新三板"上市公司数量（个/百万人）	0.0396
创新成果产出（7个）	20	每万人SCI和EI工程发文量（篇/万人）	0.0361
	21	每万人发明专利申请数（件/万人）	0.0240
	22	每万人实用新型专利申请数（件/万人）	0.0284
	23	每万人外观设计专利申请数（件/万人）	0.0381
	24	每万人发明专利授权数（件/万人）	0.0410
	25	每万人实用新型专利授权数（件/万人）	0.0259
	26	每万人外观设计专利授权数（件/万人）	0.0415
创新成果转化（4个）	27	每万人技术市场成交额（万元/万人）	0.0576
	28	每万人规模以上工业企业新产品销售收入（万元/万人）	0.0246
	29	每万人高新技术产业新产品销售收入（元/万人）	0.0279
	30	每万人高新技术产业工业总产值（亿元/万人）	0.0243
创新发展环境（6个）	31	每百人拥有互联网宽带接入用户数（户/百人）	0.0113
	32	每万人拥有公共汽车数（辆/万人）	0.0252
	33	每百名学生拥有专任教师人数（人/百人）	0.0056
	34	每百人拥有医院床位数（张/百人）	0.0044
	35	每百人拥有商品房销售面积（平方米/百人）	0.0098
	36	每万人年末金融机构贷款余额（亿元/万人）	0.0207

我国地域广阔，31个省份间存在地理位置、资源禀赋、文化风俗等各种因素的区域差异。根据国家统计局的划分标准，将我国分为东部地区、中部地区、西部地区及东北地区四大区域，其中，东部地区包括北京、天津、河北、上海、江苏、浙江、福建、山东、广东和海南十个省市；中部地区包括山西、安徽、江西、河南、湖北和湖

南六个省份；西部地区包括内蒙古、广西、重庆、四川、贵州、云南、西藏、陕西、甘肃、青海、宁夏和新疆十二个省份；东北地区包括辽宁、吉林和黑龙江三个省份。

由表4的排名结果易知，2019年全国创新能力综合得分排名前五的省份分别是北京、上海、浙江、广东、天津，都处于东部地区。其中，北京在东部地区中排名第一，湖北在中部地区中排名第一，陕西在西部地区中排名第一，吉林在东北地区中排名第一。与2018年排名相比，各省份排名波动幅度较小。

表4　中国31个省份创新能力综合得分

省份	综合得分F	排名变化	省份	综合得分F	排名变化	省份	综合得分F	排名变化
北京	0.8058	0	湖南	0.1451	+1	西藏	0.0733	+2
上海	0.5333	0	山东	0.1421	−3	内蒙古	0.0715	+2
浙江	0.3916	+1	安徽	0.1367	0	甘肃	0.0703	−2
广东	0.3657	+1	辽宁	0.1310	0	山西	0.0701	−2
天津	0.3583	+1	江西	0.1272	0	广西	0.0669	+2
江苏	0.3417	−3	四川	0.1137	+1	贵州	0.0645	0
福建	0.2066	0	宁夏	0.1116	−1	黑龙江	0.0622	−2
吉林	0.1951	+1	海南	0.1032	+1	云南	0.0460	1
湖北	0.1674	−1	河北	0.0857	+2	新疆	0.0345	−1
陕西	0.1552	+2	河南	0.0808	−2			
重庆	0.1501	0	青海	0.0735	−1			

资料来源：笔者计算所得，余同。

（二）湖南省创新能力评价

湖南在全国31个省份创新能力综合得分排名第12位，对湖南的36个二级评价指标测算，在全国排名变化如表5所示。

由表5的结果易知，2019年湖南有25项评价指标排名在全国第15位以内（含第15位），其中有4项指标（每万名从业人员中R&D人员数、每万人高新技术产业消化吸收经费支出额、每万人技术市场成交额、每百名学生拥有专任教师人数）排名进入全国前五名；另外的21项评价指标排名都在全国第15位之后，其中每百万人拥有国家高等学校数量和每百万人拥有R&D机构数这两项指标排名最靠后，分别排在全国第24位和第26位。与2018年相比，各指标排名变化较大的为每百名学生拥有专任教师人数，上升了18位。

表5　湖南创新能力二级指标排名及变化

序号	评价指标	全国排名	排名变化	序号	评价指标	全国排名	排名变化	序号	评价指标	全国排名	排名变化	序号	评价指标	全国排名	排名变化
1	每万名从业人员中科技活动人员数	7	-1	10	每万人高新技术产业消化吸收经费支出额	5	+7	19	每百万人"新三板"上市公司数量	20	-5	28	每万人规模以上工业企业新产品销售收入	13	-1
2	每万名从业人员中R&D人员数	4	+1	11	每万人国家自然科学基金面上项目经费	9	+5	20	每万人SCI和EI工程发文量	14	-3	29	每万人高新技术产业新产品销售收入	14	+2
3	每百万人中博士生毕业人数	13	-1	12	每百万人拥有国家高等学校数量	24	0	21	每万人发明专利申请数	18	-3	30	每万人高新技术产业工业总产值	15	-2
4	科学技术支出占地方一般公共预算支出的比重	14	0	13	每百万人拥有国家实验室数量	17	+4	22	每万人实用新型专利申请数	21	0	31	每百人拥有互联网宽带接入用户数	17	+9
5	教育支出占地方一般公共预算支出的比重	19	-4	14	每百万人拥有国家高新区数量	17	-6	23	每万人外观设计专利申请数	11	+2	32	每万人拥有公共汽车数	14	-9
6	人均R&D内部经费支出额	9	-4	15	每百万人拥有R&D机构数	26	-2	24	每万人发明专利授权数	10	+5	33	每百名学生拥有专任教师人数	5	+18
7	人均R&D外部经费支出额	7	+3	16	每百万人拥有规模以上工业企业R&D项目数	12	+2	25	每万人实用新型专利授权数	20	-1	34	每百人拥有医院床位数	7	-1
8	每万人规模以上工业企业新产品开发经费支出额	13	0	17	每百万人拥有国家自然科学基金面上项目数	14	-8	26	每万人外观设计专利授权数	12	+1	35	每百人拥有商品房销售面积	13	-1
9	每万人规模以上工业企业技术改造经费支出额	13	-7	18	每百万人拥有国家社会科学基金项目数	18	-2	27	每万人技术市场成交额	5	+8	36	每万人年末金融机构贷款余额	16	+2

三、中国重点城市创新能力评价

（一）中国119个重点城市创新能力综合评价

通过熵权法测度中国119个重点城市的创新能力，各指标的权重结果及2019年中国119个重点城市创新能力综合得分及排名结果分别如表6、表7所示。

由表 6 的权重结果易知，权重超过 0.05 的指标有 7 个，分别为每万名从业人员中 R&D 人员数、科学技术支出占地方一般公共预算支出的比重、教育支出占地方一般公共预算支出的比重、每万人规模以上工业企业新产品销售收入、每百名学生拥有专任教师人数、每百人拥有医院床位数、每百人拥有商品房销售面积。根据信息熵的概念，指标波动的幅度越大，权重也就越大，说明上面这 7 个指标是影响城市创新能力综合得分的重要因素。从这些信息可以看出，从事 R&D 人员数、科学技术相关经费投入量、新产品销售收入等是提高城市创新能力的重要途径。

表6　中国 119 个重点城市创新能力评价指标体系及权重

一级指标	序号	二级指标	权重
创新要素投入 （6个）	1	每万名从业人员中科技活动人员数（人/万人）	0.0485
	2	每万名从业人员中 R&D 人员数（人/万人）	0.0561
	3	科学技术支出占地方一般公共预算支出的比重（%）	0.0546
	4	教育支出占地方一般公共预算支出的比重（%）	0.0649
	5	人均 R&D 内部经费支出额（元/人）	0.0355
	6	每万人规模以上工业企业技术改造经费支出额（万元/万人）	0.0464
创新平台支撑 （3个）	7	每百万人拥有国家高等学校数量（所/百万人）	0.0487
	8	每百万人拥有 R&D 机构数（个/百万人）	0.0442
	9	每百万人"新三板"上市公司数量（个/百万人）	0.0267
创新成果产出 （3个）	10	每万人 SCI 和 EI 工程发文量（篇/万人）	0.0127
	11	每万人专利申请数（件/万人）	0.0360
	12	每万人专利申请授权数（件/万人）	0.0362
创新成果转化 （4个）	13	每万人技术市场成交额（万元/万人）	0.0283
	14	每万人规模以上工业企业新产品销售收入（万元/万人）	0.0546
	15	每万人高新技术产业新产品销售收入（元/万人）	0.0434
	16	每万人高新技术产业工业总产值（亿元/万人）	0.0447
创新发展环境 （6个）	17	每百人拥有互联网宽带接入用户数（户/百人）	0.0482
	18	每万人拥有公共汽车数（辆/万人）	0.0432
	19	每百名学生拥有专任教师人数（人/百人）	0.0575
	20	每百人拥有医院床位数（张/百人）	0.0634
	21	每百人拥有商品房销售面积（平方米/百人）	0.0600
	22	每万人年末金融机构贷款余额（亿元/万人）	0.0460

由表 7 的结果易知，在全国 119 个重点城市中，2019 年全国创新能力综合得分排名前五的城市分别是深圳、东莞、北京、珠海、中山。其中，东莞排名仅次于深圳，珠海、中山的城市创新能力超过了"广上"，由此在创新能力层面上打破了"北上广深"一线城市格局。而广州、上海、佛山、杭州、武汉则依次成为"中国最具创新力

的城市"Top10。排名后 10 位（从第 110 位至第 119 位）的城市分别是南阳、桂林、沧州、鞍山、上饶、信阳、阜阳、商丘、荆州、邯郸。

表 7　2019 年中国 119 个重点城市创新能力综合得分及排名情况

城市	综合得分	排名变化	城市	综合得分	排名变化	城市	综合得分	排名变化	城市	综合得分	排名变化
深圳	0.6221	+1	湖州	0.2536	+19	丽水	0.1808	+33	新乡	0.1417	-4
东莞	0.4939	+4	三亚	0.2513	+10	烟台	0.1794	+10	安庆	0.1412	+14
北京	0.4733	-2	西安	0.2493	-9	泉州	0.1781	-3	柳州	0.1411	+11
珠海	0.4659	+4	郑州	0.2440	-14	徐州	0.1777	-39	泰安	0.1396	-3
中山	0.4191	+9	成都	0.2412	-6	湘潭	0.1772	0	咸阳	0.1375	+8
广州	0.4164	-3	镇江	0.2333	+10	呼和浩特	0.1771	-31	遵义	0.1362	-68
上海	0.3797	-3	江门	0.2316	+19	连云港	0.1761	0	衡阳	0.1354	+15
佛山	0.3739	+1	长春	0.2310	+21	龙岩	0.1758	+13	石家庄	0.1340	-58
杭州	0.3680	-4	南昌	0.2285	-1	汕头	0.1750	-8	南平	0.1286	+10
武汉	0.3489	-3	济南	0.2251	-17	蚌埠	0.1742	-18	临沂	0.1282	-22
苏州	0.3416	0	兰州	0.2152	-4	南宁	0.1724	-2	秦皇岛	0.1262	-13
南京	0.3394	-2	南通	0.2121	+2	潮州	0.1723	+25	廊坊	0.1260	-36
嘉兴	0.3127	+4	舟山	0.2105	+25	泰州	0.1715	+12	郴州	0.1245	+14
无锡	0.3033	+7	肇庆	0.2093	-1	滁州	0.1706	+24	宁德	0.1232	+7
贵阳	0.2997	+4	台州	0.2092	+13	大庆	0.1691	+24	九江	0.1193	0
天津	0.2993	-4	芜湖	0.2091	-13	盐城	0.1650	-14	唐山	0.1185	-17
厦门	0.2990	-1	福州	0.2071	-11	淮安	0.1600	0	赣州	0.1158	-17
宁波	0.2962	+12	温州	0.2044	-7	三明	0.1591	+29	保定	0.1157	-16
惠州	0.2841	+13	淄博	0.2023	0	马鞍山	0.1589	-9	吉林	0.1127	+7
太原	0.2831	-5	潍坊	0.1949	+26	岳阳	0.1570	+38	南阳	0.1116	-10
长沙	0.2789	-8	清远	0.1942	+29	重庆	0.1568	-54	桂林	0.1090	-15
绍兴	0.2777	+9	扬州	0.1919	+19	莆田	0.1552	+11	沧州	0.1026	-10
合肥	0.2762	-5	银川	0.1885	-6	济宁	0.1542	-9	鞍山	0.0968	-3
昆明	0.2752	+10	梅州	0.1862	-3	包头	0.1522	-1	上饶	0.0906	+1
金华	0.2703	+38	揭阳	0.1847	+18	宿迁	0.1501	-1	信阳	0.0903	-20
威海	0.2626	0	株洲	0.1846	+1	宜昌	0.1495	+15	阜阳	0.0896	-8
乌鲁木齐	0.2621	-5	沈阳	0.1839	-3	哈尔滨	0.1482	-8	商丘	0.0876	-3
青岛	0.2599	+20	绵阳	0.1834	-5	洛阳	0.1469	-13	荆州	0.0871	-5
常州	0.2587	+10	湛江	0.1830	-14	漳州	0.1465	-7	邯郸	0.0803	0
海口	0.2583	+25	大连	0.1816	+4	襄阳	0.1440	-4			

此外，北京在四个直辖市中排名第一；深圳在 15 个副省级城市中排名第一；东莞、珠海、中山、佛山、苏州在 100 个城市中排名前五。此外，长沙、株洲、湘潭、岳阳、衡阳、郴州在 119 个重点城市中分别排名第 21、第 56、第 65、第 80、第 97、第 103。与 2018 年的创新能力排名相比，变化最大的是遵义，下降了 68 位。

（二）中国重点城市创新能力评价一级指标

1. 创新要素投入评价

由表8创新要素投入综合得分结果易知，在全国119个重点城市中，深圳、北京、广州、嘉兴、珠海、合肥、佛山、金华、杭州、青岛排名前10，而排名后10位（从第110位至第119位）的城市分别是包头、哈尔滨、沈阳、银川、咸阳、桂林、呼和浩特、

表8　2019年中国119个重点城市创新要素投入综合得分

城市	综合得分	城市	综合得分	城市	综合得分	城市	综合得分
深圳	0.1932	汕头	0.0807	清远	0.0663	信阳	0.0515
北京	0.1400	无锡	0.0804	遵义	0.0663	岳阳	0.0506
广州	0.1394	宁波	0.0804	常州	0.0655	宿迁	0.0503
嘉兴	0.1270	蚌埠	0.0802	石家庄	0.0655	南平	0.0494
珠海	0.1259	泉州	0.0801	湖州	0.0655	淮安	0.0482
合肥	0.1212	台州	0.0788	赣州	0.0651	重庆	0.0464
佛山	0.1170	西安	0.0786	泰安	0.0647	大连	0.0451
金华	0.1168	江门	0.0769	烟台	0.0641	商丘	0.0431
杭州	0.1140	福州	0.0767	济南	0.0632	阜阳	0.0416
青岛	0.1114	保定	0.0765	揭阳	0.0618	上饶	0.0413
芜湖	0.1083	厦门	0.0744	潮州	0.0614	衡阳	0.0412
绍兴	0.1068	安庆	0.0739	漳州	0.0611	柳州	0.0408
威海	0.1054	莆田	0.0737	唐山	0.0608	郴州	0.0407
中山	0.1037	天津	0.0731	马鞍山	0.0608	宜昌	0.0406
苏州	0.1006	济宁	0.0730	盐城	0.0596	乌鲁木齐	0.0393
东莞	0.0977	连云港	0.0726	廊坊	0.0589	泰州	0.0391
绵阳	0.0975	洛阳	0.0725	宁德	0.0586	海口	0.0368
上海	0.0931	南阳	0.0713	昆明	0.0581	舟山	0.0356
武汉	0.0929	徐州	0.0712	九江	0.0578	三亚	0.0347
潍坊	0.0907	兰州	0.0704	湘潭	0.0575	包头	0.0343
贵阳	0.0894	长沙	0.0694	扬州	0.0558	哈尔滨	0.0341
淄博	0.0867	肇庆	0.0692	郑州	0.0554	沈阳	0.0340
南京	0.0858	镇江	0.0691	丽水	0.0553	银川	0.0340
龙岩	0.0854	温州	0.0689	秦皇岛	0.0550	咸阳	0.0330
新乡	0.0845	沧州	0.0687	南宁	0.0539	桂林	0.0302
滁州	0.0827	临沂	0.0686	南昌	0.0538	呼和浩特	0.0294
惠州	0.0821	湛江	0.0684	邯郸	0.0531	荆州	0.0273
太原	0.0816	南通	0.0675	梅州	0.0523	吉林	0.0167
三明	0.0810	长春	0.0668	株洲	0.0516	鞍山	0.0149
大庆	0.0809	成都	0.0667	襄阳	0.0515		

荆州、吉林、鞍山。此外，长沙、湘潭、株洲、岳阳、衡阳、郴州在 119 个重点城市中分别排名第 51、第 80、第 89、第 92、第 101、第 103。

2. 创新平台支撑评价

由表 9 创新平台支撑综合得分结果可知，在全国 119 个重点城市中，三亚、北京、海口、上海、太原、广州、乌鲁木齐、武汉、银川、厦门排名前 10，而排名后 10 位（从第 110 位至第 119 位）的城市分别是沧州、梅州、临沂、揭阳、清远、信阳、商丘、阜阳、南阳、邯郸。此外，长沙、湘潭、株洲、衡阳、岳阳、郴州在 119 个重点

表9 2019 年中国 119 个重点城市创新平台支撑综合得分

城市	综合得分	城市	综合得分	城市	综合得分	城市	综合得分
三亚	0.0860	福州	0.0270	包头	0.0121	鞍山	0.0075
北京	0.0811	舟山	0.0246	廊坊	0.0117	衡阳	0.0071
海口	0.0715	苏州	0.0240	绵阳	0.0107	蚌埠	0.0070
上海	0.0631	威海	0.0227	温州	0.0106	唐山	0.0065
太原	0.0561	中山	0.0222	泰州	0.0105	宁德	0.0064
广州	0.0503	南宁	0.0220	惠州	0.0105	宿迁	0.0063
乌鲁木齐	0.0484	成都	0.0209	漳州	0.0103	莆田	0.0063
武汉	0.0479	常州	0.0197	淄博	0.0102	岳阳	0.0063
银川	0.0465	宁波	0.0190	秦皇岛	0.0102	滁州	0.0060
厦门	0.0458	湘潭	0.0185	宜昌	0.0101	上饶	0.0059
珠海	0.0455	无锡	0.0182	荆州	0.0099	济宁	0.0057
南昌	0.0441	石家庄	0.0182	三明	0.0095	遵义	0.0056
昆明	0.0436	绍兴	0.0178	淮安	0.0095	安庆	0.0054
南京	0.0426	佛山	0.0178	南平	0.0095	郴州	0.0052
呼和浩特	0.0420	镇江	0.0174	九江	0.0094	保定	0.0052
东莞	0.0395	青岛	0.0166	柳州	0.0093	湛江	0.0049
天津	0.0386	泉州	0.0154	潍坊	0.0091	洛阳	0.0047
深圳	0.0377	吉林	0.0152	连云港	0.0088	潮州	0.0046
西安	0.0366	扬州	0.0141	南通	0.0084	汕头	0.0043
贵阳	0.0364	重庆	0.0135	泰安	0.0083	沧州	0.0039
兰州	0.0355	马鞍山	0.0134	龙岩	0.0082	梅州	0.0036
长沙	0.0355	大庆	0.0134	徐州	0.0082	临沂	0.0034
杭州	0.0327	芜湖	0.0131	襄阳	0.0082	揭阳	0.0034
郑州	0.0323	咸阳	0.0130	台州	0.0081	清远	0.0033
沈阳	0.0322	金华	0.0128	丽水	0.0078	信阳	0.0030
合肥	0.0306	烟台	0.0123	江门	0.0076	商丘	0.0027
长春	0.0299	株洲	0.0123	新乡	0.0076	阜阳	0.0024
哈尔滨	0.0273	嘉兴	0.0122	肇庆	0.0076	南阳	0.0022
济南	0.0273	湖州	0.0122	盐城	0.0076	邯郸	0.0014
大连	0.0271	桂林	0.0122	赣州	0.0075		

城市中分别排名第22、第40、第57、第92、第98、第104。

3. 创新成果产出评价

由表10创新成果产出综合得分结果可知，在全国119个重点城市中，深圳、东莞、中山、珠海、北京、苏州、广州、南京、佛山、杭州排名前10，而排名后10位（从第110位至第119位）的城市分别是阜阳、梅州、岳阳、湛江、南阳、邯郸、郴州、南宁、商丘、信阳。此外，长沙、株洲、湘潭、衡阳、岳阳、郴州在119个重点城市中分别排名第27、第69、第82、第109、第112、第116。

表10　2019年中国119个重点城市创新成果产出综合得分

城市	综合得分	城市	综合得分	城市	综合得分	城市	综合得分
深圳	0.0736	成都	0.0092	徐州	0.0037	泰安	0.0016
东莞	0.0541	大连	0.0090	漳州	0.0037	襄阳	0.0015
中山	0.0430	兰州	0.0087	银川	0.0034	桂林	0.0015
珠海	0.0361	济南	0.0087	烟台	0.0033	安庆	0.0015
北京	0.0359	惠州	0.0085	绵阳	0.0033	揭阳	0.0015
苏州	0.0310	青岛	0.0081	重庆	0.0033	三明	0.0015
广州	0.0290	江门	0.0075	龙岩	0.0032	保定	0.0014
南京	0.0286	哈尔滨	0.0071	石家庄	0.0032	清远	0.0013
佛山	0.0285	沈阳	0.0071	株洲	0.0032	咸阳	0.0013
杭州	0.0222	泰州	0.0070	秦皇岛	0.0031	三亚	0.0013
厦门	0.0221	太原	0.0068	滁州	0.0030	沧州	0.0011
上海	0.0218	福州	0.0067	淮安	0.0030	呼和浩特	0.0011
无锡	0.0194	昆明	0.0066	廊坊	0.0029	临沂	0.0011
宁波	0.0185	南昌	0.0066	宿迁	0.0027	南平	0.0011
常州	0.0175	贵阳	0.0065	洛阳	0.0027	上饶	0.0011
嘉兴	0.0171	南通	0.0065	淄博	0.0026	荆州	0.0010
西安	0.0162	丽水	0.0062	赣州	0.0025	遵义	0.0008
武汉	0.0161	芜湖	0.0061	九江	0.0024	包头	0.0008
天津	0.0154	马鞍山	0.0061	柳州	0.0023	衡阳	0.0008
湖州	0.0137	汕头	0.0054	大庆	0.0023	阜阳	0.0008
绍兴	0.0131	吉林	0.0051	新乡	0.0023	梅州	0.0007
金华	0.0130	长春	0.0049	湘潭	0.0021	岳阳	0.0007
镇江	0.0129	舟山	0.0049	蚌埠	0.0021	湛江	0.0006
合肥	0.0122	威海	0.0049	唐山	0.0020	南阳	0.0006
扬州	0.0106	潮州	0.0046	济宁	0.0019	邯郸	0.0006
郑州	0.0102	乌鲁木齐	0.0044	肇庆	0.0019	郴州	0.0005
长沙	0.0101	盐城	0.0043	连云港	0.0019	南宁	0.0005
温州	0.0098	海口	0.0043	莆田	0.0018	商丘	0.0002
泉州	0.0097	宜昌	0.0038	宁德	0.0016	信阳	0.0002
台州	0.0093	潍坊	0.0037	鞍山	0.0016		

4. 创新成果转化评价

由表 11 创新成果转化综合得分结果可知，在全国 119 个重点城市中，珠海、深圳、东莞、北京、上海、广州、宁波、南京、杭州、无锡排名前 10，而排名后 10 位（从第 110 位至第 119 位）的城市分别是哈尔滨、保定、海口、遵义、邯郸、沧州、秦皇岛、唐山、廊坊、三亚。此外，长沙、株洲、湘潭、岳阳、衡阳、郴州在 119 个重点城市中分别排名第 51、第 57、第 61、第 81、第 88、第 92。

表 11　2019 年中国 119 个重点城市创新成果转化综合得分

城市	综合得分	城市	综合得分	城市	综合得分	城市	综合得分
珠海	0.1281	镇江	0.0565	湘潭	0.0318	沈阳	0.0181
深圳	0.1137	连云港	0.0536	济宁	0.0312	郴州	0.0177
东莞	0.1038	清远	0.0527	太原	0.0301	成都	0.0173
北京	0.0970	乌鲁木齐	0.0525	南昌	0.0292	鞍山	0.0172
上海	0.0810	武汉	0.0524	南平	0.0258	包头	0.0159
广州	0.0775	肇庆	0.0518	宁德	0.0257	九江	0.0150
宁波	0.0730	湛江	0.0516	柳州	0.0255	绵阳	0.0147
南京	0.0728	厦门	0.0516	阜阳	0.0250	吉林	0.0142
杭州	0.0726	扬州	0.0514	滁州	0.0248	南阳	0.0142
无锡	0.0705	徐州	0.0514	安庆	0.0248	新乡	0.0137
中山	0.0703	宿迁	0.0508	泰安	0.0246	赣州	0.0135
佛山	0.0700	盐城	0.0506	大连	0.0246	信阳	0.0134
常州	0.0695	淮安	0.0498	长春	0.0243	商丘	0.0134
天津	0.0668	汕头	0.0490	漳州	0.0234	昆明	0.0132
梅州	0.0645	襄阳	0.0426	临沂	0.0232	呼和浩特	0.0128
惠州	0.0639	威海	0.0418	荆州	0.0232	银川	0.0106
丽水	0.0639	西安	0.0411	三明	0.0232	桂林	0.0101
金华	0.0636	合肥	0.0390	莆田	0.0219	咸阳	0.0082
揭阳	0.0635	济南	0.0385	福州	0.0219	石家庄	0.0080
台州	0.0629	淄博	0.0382	龙岩	0.0218	哈尔滨	0.0075
潮州	0.0621	长沙	0.0367	岳阳	0.0211	保定	0.0058
湖州	0.0619	贵阳	0.0365	泉州	0.0209	海口	0.0051
嘉兴	0.0617	马鞍山	0.0351	郑州	0.0195	遵义	0.0029
绍兴	0.0606	宜昌	0.0346	重庆	0.0194	邯郸	0.0023
苏州	0.0601	潍坊	0.0345	洛阳	0.0191	沧州	0.0020
舟山	0.0583	青岛	0.0344	南宁	0.0190	秦皇岛	0.0016
温州	0.0582	株洲	0.0340	上饶	0.0185	唐山	0.0014
江门	0.0579	芜湖	0.0329	衡阳	0.0184	廊坊	0.0013
泰州	0.0571	蚌埠	0.0325	大庆	0.0182	三亚	0.0012
南通	0.0566	烟台	0.0323	兰州	0.0182		

5. 创新发展环境评价

由表 12 创新发展环境综合得分结果易知，在全国 119 个重点城市中，深圳、东莞、中山、昆明、佛山、海口、武汉、贵阳、珠海、三亚排名前 10，而排名后 10 位（从第 110 位至第 119 位）的城市分别是商丘、赣州、沧州、保定、荆州、上饶、南阳、邯郸、信阳、阜阳。此外，长沙、郴州、株洲、湘潭、岳阳、衡阳在 119 个重点城市中分别排名第 12、第 43、第 49、第 51、第 58、第 69。

表 12　2019 年中国 119 个重点城市创新发展环境综合得分

城市	综合得分	城市	综合得分	城市	综合得分	城市	综合得分
深圳	0.2036	银川	0.0939	淄博	0.0645	丽水	0.0476
东莞	0.1987	沈阳	0.0925	金华	0.0641	三明	0.0439
中山	0.1798	呼和浩特	0.0917	柳州	0.0632	马鞍山	0.0435
昆明	0.1535	青岛	0.0894	吉林	0.0614	徐州	0.0432
佛山	0.1405	包头	0.0890	遵义	0.0604	盐城	0.0429
海口	0.1405	威海	0.0878	宜昌	0.0604	南平	0.0428
武汉	0.1395	济南	0.0873	扬州	0.0600	济宁	0.0424
贵阳	0.1308	舟山	0.0870	泰州	0.0578	泰安	0.0404
珠海	0.1301	常州	0.0864	衡阳	0.0577	襄阳	0.0402
三亚	0.1281	兰州	0.0823	湛江	0.0573	宿迁	0.0399
成都	0.1272	咸阳	0.0821	绵阳	0.0572	潮州	0.0394
长沙	0.1269	江门	0.0816	龙岩	0.0571	连云港	0.0392
郑州	0.1265	郴州	0.0796	温州	0.0569	石家庄	0.0391
杭州	0.1263	绍兴	0.0794	潍坊	0.0568	安庆	0.0356
苏州	0.1258	肇庆	0.0788	秦皇岛	0.0563	汕头	0.0356
上海	0.1206	镇江	0.0774	鞍山	0.0556	九江	0.0349
广州	0.1201	南宁	0.0770	桂林	0.0550	新乡	0.0336
北京	0.1193	西安	0.0767	揭阳	0.0544	临沂	0.0318
惠州	0.1190	株洲	0.0761	大庆	0.0542	宁德	0.0309
乌鲁木齐	0.1174	大连	0.0758	滁州	0.0541	商丘	0.0283
无锡	0.1146	湘潭	0.0747	蚌埠	0.0524	赣州	0.0272
南京	0.1096	福州	0.0747	泉州	0.0520	沧州	0.0268
太原	0.1084	重庆	0.0741	莆田	0.0514	保定	0.0268
天津	0.1054	南通	0.0731	廊坊	0.0511	荆州	0.0257
宁波	0.1052	合肥	0.0731	台州	0.0500	上饶	0.0238
长春	0.1050	哈尔滨	0.0721	淮安	0.0495	南阳	0.0233
厦门	0.1049	清远	0.0707	芜湖	0.0486	邯郸	0.0229
湖州	0.1003	岳阳	0.0692	漳州	0.0480	信阳	0.0222
南昌	0.0947	烟台	0.0673	洛阳	0.0479	阜阳	0.0198
嘉兴	0.0946	梅州	0.0651	唐山	0.0477		

四、湖南城市创新能力评价

（一）湖南城市创新能力综合评价

通过运用熵权法对湖南 14 个城市的创新能力进行测度，各指标的权重结果及湖南 14 个城市 2019 年创新能力综合得分及排名结果分别如表 13、表 14 所示。

表 13 湖南城市创新能力评价指标体系及权重

一级指标	序号	二级指标	权重
创新要素投入 （6 个）	1	每万名从业人员中科技活动人员数（人/万人）	0.0386
	2	每万名从业人员中 R&D 人员数（人/万人）	0.0519
	3	科学技术支出占地方一般公共预算支出的比重（%）	0.0421
	4	教育支出占地方一般公共预算支出的比重（%）	0.0358
	5	人均 R&D 内部经费支出额（元/人）	0.0454
	6	每万人规模以上工业企业技术改造经费支出额（万元/万人）	0.0475
创新平台支撑 （3 个）	7	每百万人拥有国家高等学校数量（所/百万人）	0.0539
	8	每百万人拥有 R&D 机构数（个/百万人）	0.0354
	9	每百万人"新三板"上市公司数量（个/百万人）	0.0506
创新成果产出 （3 个）	10	每万人 SCI 和 EI 工程发文量（篇/万人）	0.0711
	11	每万人专利申请数（件/万人）	0.0434
	12	每万人专利申请授权数（件/万人）	0.0455
创新成果转化 （4 个）	13	每万人技术市场成交额（万元/万人）	0.0631
	14	每万人规模以上工业企业新产品销售收入（万元/万人）	0.0428
	15	每万人高新技术产业新产品销售收入（万元/万人）	0.0394
	16	每万人高新技术产业工业总产值（亿元/万人）	0.0419
创新发展环境 （6 个）	17	每百人拥有互联网宽带接入用户数（户/百人）	0.0405
	18	每万人拥有公共汽车数（辆/万人）	0.0411
	19	每百名学生拥有专任教师人数（人/百人）	0.0320
	20	每百人拥有医院床位数（张/百人）	0.0387
	21	每百人拥有商品房销售面积（平方米/百人）	0.0385
	22	每万人年末金融机构贷款余额（亿元/万人）	0.0609

表14　2019年湖南城市创新能力综合得分及排名

城市	综合得分F	全省排名	城市	综合得分F	全省排名	城市	综合得分F	全省排名
长沙	0.9264	1	娄底	0.2116	6	怀化	0.1564	11
株洲	0.4928	2	郴州	0.1934	7	邵阳	0.1510	12
湘潭	0.4725	3	益阳	0.1891	8	张家界	0.1365	13
岳阳	0.2205	4	常德	0.1774	9	湘西	0.0926	14
衡阳	0.2132	5	永州	0.1724	10			

从表13的权重可以看出，权重超过0.05的指标有6个，分别为每万名从业人员中R&D人员数、每百万人拥有国家高等学校数量、每百万人"新三板"上市公司数量、每万人SCI和EI工程发文量、每万人技术市场成交额、每万人年末金融机构贷款余额。根据信息熵的概念，指标波动的幅度越大，权重也就越大。这说明上面6个指标是影响湖南14个城市创新能力综合得分的重要因素。

从表14的结果来看，在湖南14个城市中，2019年创新能力综合得分排名前三的城市分别是长沙、株洲和湘潭；排名后三位的分别是邵阳、张家界和湘西；排名中间的城市（第4位到第11位）分别是岳阳、衡阳、娄底、郴州、益阳、常德、永州和怀化。

（二）湖南城市创新能力评价二级指标对比

1. 创新要素投入

创新要素投入涉及六个指标，分别是每万名从业人员中科技活动人员数、每万名从业人员中R&D人员数、科学技术支出占地方一般公共预算支出的比重、教育支出占地方一般公共预算支出的比重、人均R&D内部经费支出额、每万人规模以上工业企业技术改造经费支出额。

2019年湖南14个城市每万名从业人员中科技活动人员数比较情况如图1所示。由图1易知，排名前三的城市分别是株洲、长沙和益阳；排名后三位的分别是邵阳、湘西和张家界；排名中间的城市（第4位到第11位）分别是湘潭、永州、衡阳、岳阳、怀化、常德、郴州和娄底。

2019年湖南14个城市每万名从业人员中R&D人员数比较情况如图2所示。由图2易知，排名前三的城市分别是长沙、株洲和湘潭；排名后三位的分别是邵阳、湘西和张家界；排名中间的城市（第4位到第11位）分别是益阳、衡阳、永州、常德、怀化、岳阳、娄底和郴州。

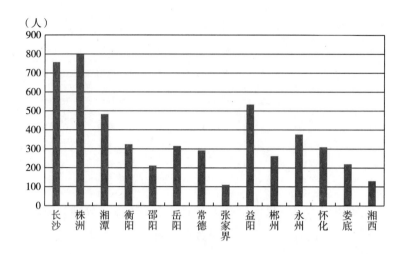

图1 2019年湖南14个城市每万名从业人员中科技活动人员数

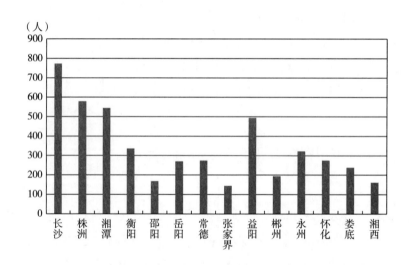

图2 2019年湖南14个城市每万名从业人员中 R&D 人员数

2019 年湖南 14 个城市科学技术支出占地方一般公共预算支出的比重比较情况如图 3 所示。由图 3 易知，排名前三的城市分别是湘潭、株洲和长沙；排名后三位的分别是邵阳、湘西和张家界；排名中间的城市（第 4 位到第 11 位）分别是郴州、岳阳、常德、怀化、益阳、娄底、永州和衡阳。

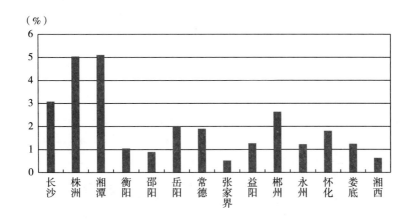

图3　2019年湖南14个城市科学技术支出占地方一般公共预算支出的比重

2019年湖南14个城市教育支出占地方一般公共预算支出的比重比较情况如图4所示。由图4易知，排名前三的城市分别是永州、娄底和怀化；排名后三位的分别是湘潭、常德和株洲；排名中间的城市（第4位到第11位）分别是郴州、邵阳、衡阳、湘西、益阳、长沙、张家界和岳阳。

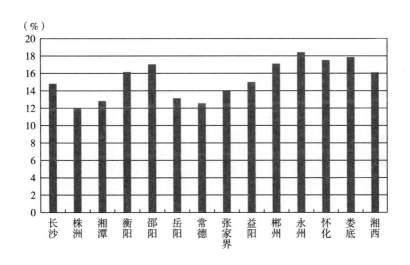

图4　2019年湖南14个城市教育支出占地方一般公共预算支出的比重

2019年湖南14个城市人均R&D内部经费支出额比较情况如图5所示。由图5易知，排名前三的城市分别是长沙、株洲和湘潭；排名后三位的分别是邵阳、张家界和湘西；排名中间的城市（第4位到第11位）分别是岳阳、常德、益阳、娄底、衡阳、郴州、永州和怀化。

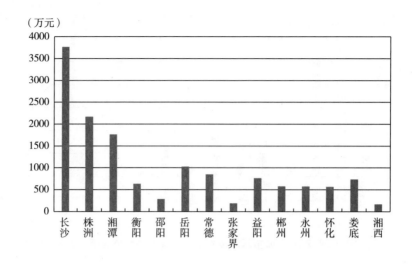

图5　2019 年湖南 14 个城市人均 R&D 内部经费支出额

2019 年湖南 14 个城市每万人规模以上工业企业技术改造经费支出额比较情况如图 6 所示。由图 6 易知，排名前三的城市分别是株洲、张家界和湘潭；排名后三位的分别是益阳、娄底和邵阳；排名中间的城市（第 4 位到第 11 位）分别是长沙、衡阳、郴州、永州、岳阳、怀化、常德和湘西。

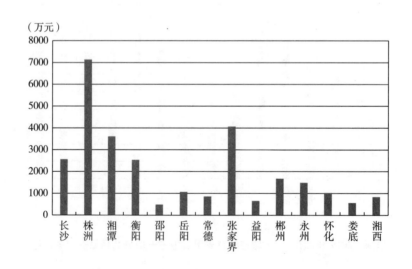

图6　2019 年湖南 14 个城市每万人规模以上工业企业技术改造经费支出额

2. 创新平台支撑

创新平台支撑涉及三个指标，分别是每百万人拥有国家高等学校数量、每百万人拥有 R&D 机构数、每百万人"新三板"上市公司数量。

2019 年湖南 14 个城市每百万人拥有国家高等学校数量比较情况如图 7 所示，由图 7 易知，排名前三的城市分别是长沙、湘潭和株洲；排名后三位的分别是怀化、永州和邵阳；排名中间的城市（第 4 位到第 11 位）分别是湘西、衡阳、益阳、常德、娄底、岳阳、张家界、郴州。

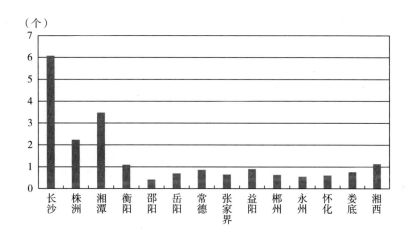

图 7　2019 年湖南 14 个城市每百万人拥有国家高等学校数量

2019 年湖南 14 个城市每百万人拥有 R&D 机构数比较情况如图 8 所示。由图 8 易知，排名前三的城市分别是长沙、湘潭和株洲；排名后三位的分别是郴州、邵阳和湘西；排名中间的城市（第 4 位到第 11 位）分别是益阳、永州、常德、岳阳、娄底、怀化、张家界、衡阳。

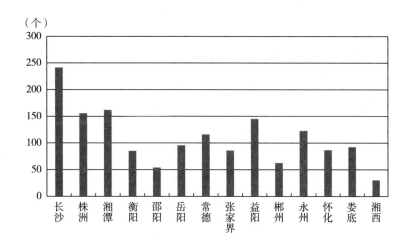

图 8　2019 年湖南 14 个城市每百万人拥有 R&D 机构数

2019 年湖南 14 个城市每百万人"新三板"上市公司数量比较情况如图 9 所示。由图 9 易知，排名前三的城市分别是长沙、株洲和湘潭；排名后三位的分别是郴州、永州和张家界；排名中间的城市（第 4 位到第 11 位）分别是湘西、益阳、岳阳、常德、娄底、怀化、衡阳、邵阳。

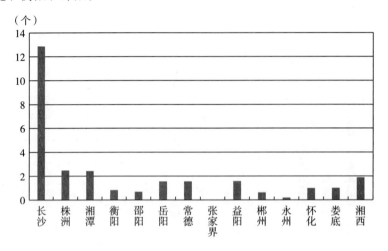

图 9　2019 年湖南 14 个城市每百万人"新三板"上市公司数量

3. 创新成果产出

创新成果产出涉及三个指标，分别是每万人 SCI 和 EI 工程发文量、每万人专利申请数、每万人专利申请授权数。

2019 年湖南 14 个城市每万人 SCI 和 EI 工程发文量比较情况如图 10 所示。由图 10 易知，排名前三的城市分别是长沙、邵阳和湘潭；排名后三位的分别是岳阳、常德和益阳；排名中间的城市（第 4 位到第 11 位）分别是株洲、张家界、湘西、娄底、郴州、永州、衡阳、怀化。

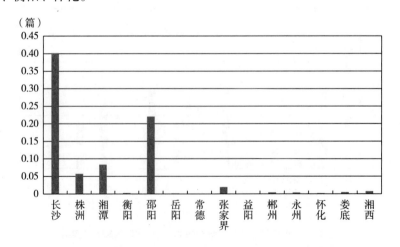

图 10　2019 年湖南 14 个城市每万人 SCI 和 EI 工程发文量

2019 年湖南 14 个城市每万人专利申请数比较情况如图 11 所示。由图 11 易知，排名前三的城市分别是长沙、张家界和湘潭；排名后三位的分别是邵阳、益阳和湘西；排名中间的城市（第 4 位到第 11 位）分别是株洲、郴州、常德、永州、娄底、怀化、岳阳、衡阳。

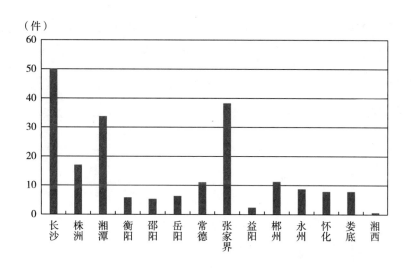

图 11　2019 年湖南 14 个城市每万人专利申请数

2019 年湖南 14 个城市每万人专利申请授权数比较情况如图 12 所示。由图 12 易知，排名前三的城市分别是长沙、湘潭和张家界；排名后三位的分别是邵阳、益阳和湘西；排名中间的城市（第 4 位到第 11 位）分别是株洲、常德、郴州、娄底、岳阳、怀化、衡阳、永州。

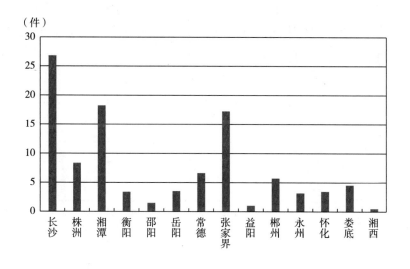

图 12　2019 年湖南 14 个城市每万人专利申请授权数

4. 创新成果转化

创新成果转化涉及四个指标，分别是每万人技术市场成交额、每万人规模以上工业企业新产品销售收入、每万人高新技术产业新产品销售收入、每万人高新技术产业工业总产值。

2019 年湖南 14 个城市每万人技术市场成交额比较情况如图 13 所示。由图 13 易知，排名前三的城市分别是长沙、株洲和湘潭；排名后三位的分别是张家界、永州和湘西；排名中间的城市（第 4 位到第 11 位）分别是常德、衡阳、岳阳、益阳、怀化、郴州、邵阳、娄底。

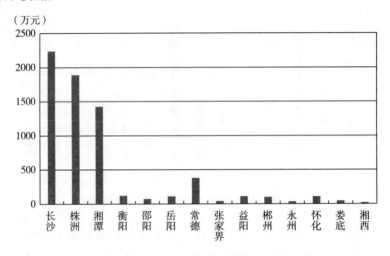

图 13　2019 年湖南 14 个城市每万人技术市场成交额

2019 年湖南 14 个城市每万人规模以上工业企业新产品销售收入比较情况如图 14 所示。由图 14 易知，排名前三的城市分别是长沙、岳阳和株洲；排名后三位的分别是衡阳、湘西和张家界；排名中间的城市（第 4 位到第 11 位）分别是湘潭、娄底、常德、郴州、益阳、永州、怀化、邵阳。

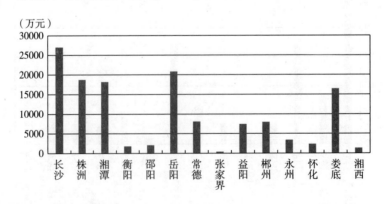

图 14　2019 年湖南 14 个城市每万人规模以上工业企业新产品销售收入

2019 年湖南 14 个城市每万人高新技术产业新产品销售收入比较情况如图 15 所示。由图 15 易知，排名前三的城市分别是长沙、湘潭和岳阳；排名后三位的分别是怀化、湘西和张家界；排名中间的城市（第 4 位到第 11 位）分别是株洲、益阳、郴州、娄底、永州、邵阳、常德、衡阳。

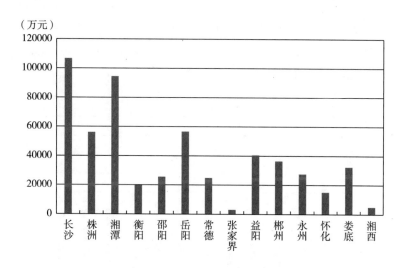

图 15　2019 年湖南 14 个城市每万人高新技术产业新产品销售收入

2019 年湖南 14 个城市每万人高新技术产业工业总产值比较情况如图 16 所示。由图 16 易知，排名前三的城市分别是长沙、湘潭和岳阳；排名后三位的分别是怀化、湘西和张家界；排名中间的城市（第 4 位到第 11 位）分别是株洲、益阳、郴州、娄底、常德、永州、邵阳、衡阳。

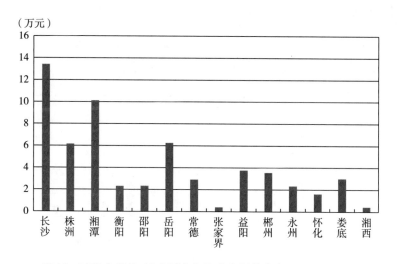

图 16　2019 年湖南 14 个城市每万人高新技术产业工业总产值

5. 创新发展环境

创新发展环境涉及六个指标，分别是每百人拥有互联网宽带接入用户数、每万人拥有公共汽车数、每百名学生拥有专任教师人数、每百人拥有医院床位数、每百人拥有商品房销售面积、每万人年末金融机构贷款余额。

2019 年湖南 14 个城市每百人拥有互联网宽带接入用户数比较情况如图 17 所示。由图 17 易知，排名前三的城市分别是长沙、株洲和湘潭；排名后三位的分别是衡阳、永州和邵阳；排名中间的城市（第 4 位到第 11 位）分别是张家界、郴州、湘西、常德、娄底、怀化、岳阳、益阳。

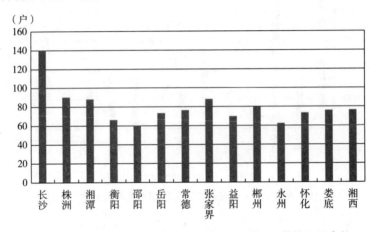

图 17 2019 年湖南 14 个城市每百人拥有互联网宽带接入用户数

2019 年湖南 14 个城市每万人拥有公共汽车数比较情况如图 18 所示。由图 18 易知，排名前三的城市分别是长沙、湘潭和株洲；排名后三位的分别是邵阳、怀化和湘西；排名中间的城市（第 4 位到第 11 位）分别是郴州、益阳、张家界、衡阳、岳阳、永州、常德、娄底。

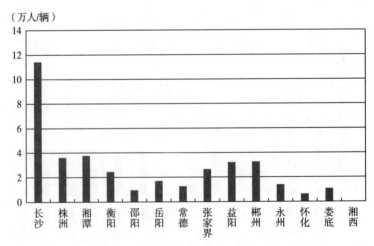

图 18 2019 年湖南 14 个城市每万人拥有公共汽车数

2019 年湖南 14 个城市每百名学生拥有专任教师人数比较情况如图 19 所示。由图 19 易知，排名前三的城市分别是长沙、湘潭和株洲；排名后三位的分别是邵阳、怀化和湘西；排名中间的城市（第 4 位到第 11 位）分别是郴州、益阳、张家界、衡阳、岳阳、永州、常德、娄底。

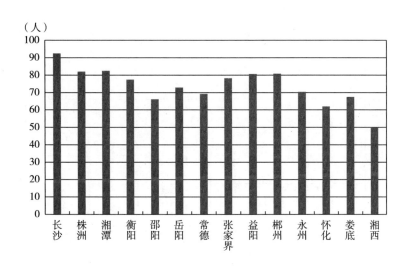

图 19   2019 年湖南 14 个城市每百名学生拥有专任教师人数

2019 年湖南 14 个城市每百人拥有医院床位数比较情况如图 20 所示。由图 20 易知，排名前三的城市分别是长沙、湘西和郴州；排名后三位的分别是张家界、邵阳和岳阳；排名中间的城市（第 4 位到第 11 位）分别是永州、怀化、株洲、常德、湘潭、娄底、衡阳、益阳。

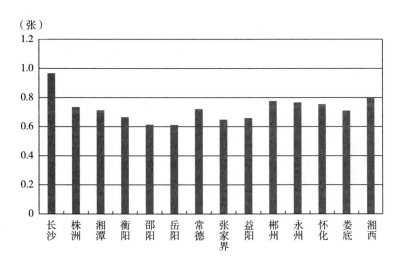

图 20   2019 年湖南 14 个城市每百人拥有医院床位数

2019 年湖南 14 个城市每百人拥有商品房销售面积比较情况如图 21 所示。由图 21 易知，排名前三的城市分别是长沙、株洲和怀化；排名后三位的分别是娄底、衡阳和邵阳；排名中间的城市（第 4 位到第 11 位）分别是郴州、湘潭、永州、岳阳、常德、张家界、益阳、湘西。

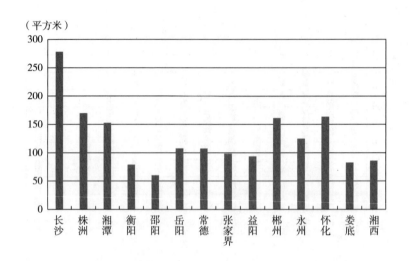

图 21　2019 年湖南 14 个城市每百人拥有商品房销售面积

2019 年湖南 14 个城市每万人年末金融机构贷款余额比较情况如图 22 所示。由图 22 易知，排名前三的城市分别是长沙、湘潭和株洲；排名后三位的分别是益阳、怀化和邵阳；排名中间的城市（第 4 位到第 11 位）分别是张家界、常德、郴州、岳阳、湘西、衡阳、娄底、永州。

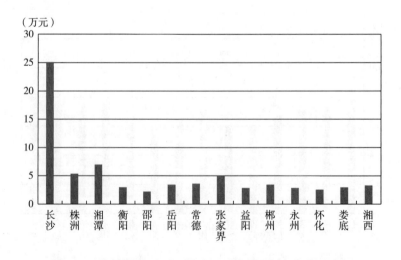

图 22　2019 年湖南 14 个城市每万人年末金融机构贷款余额

五、主要结论与对策建议

综上所述，本文得出以下结论：

（1）2019 年全国创新能力综合得分排名前五的省份分别是北京、上海、浙江、广东、天津，都处于东部地区。其中，北京在东部地区中排名第一，湖北在中部地区中排名第一，陕西在西部地区中排名第一，吉林在东北地区中排名第一；湖南在 31 个省份中排名第 12，中部地区排名第二。与 2018 年排名相比，各省份创新能力排名波动幅度较小。

（2）在全国 119 个重点城市中，2019 年全国创新能力综合得分排名前 10 的城市分别是深圳、东莞、北京、珠海、中山、广州、上海、佛山、杭州、武汉。排名后 10 位（从第 110 位至第 119 位）的城市分别是南阳、桂林、沧州、鞍山、上饶、信阳、阜阳、商丘、荆州、邯郸。北京在四个直辖市中排名第一；深圳在 15 个副省级城市中排名第一；东莞、珠海、中山、佛山、苏州在 100 个城市中排名前五。此外，长沙、株洲、郴州、湘潭、岳阳、衡阳在 119 个重点城市中分别排名第 21、第 56、第 65、第 80、第 97、第 103。

（3）每万名从业人员中科技活动人员数、每百万人中博士生毕业人数、人均 R&D 内部经费支出额、人均 R&D 外部经费支出额、每万人国家自然科学基金面上项目经费、每百万人拥有国家实验室数量、每百万人拥有国家自然科学基金面上项目数、每百万人拥有国家社会科学基金项目数、每百万人"新三板"上市公司数量、每万人 SCI 和 EI 工程发文量、每万人外观设计专利申请数、每万人发明专利授权数、每万人外观设计专利授权数、每万人技术市场成交额 14 个指标是影响省级创新能力综合得分的重要因素。

（4）每万名从业人员中 R&D 人员数、科学技术支出占地方一般公共预算支出的比重、教育支出占地方一般公共预算支出的比重、每万人规模以上工业企业新产品销售收入、每百名学生拥有专任教师人数、每百人拥有医院床位数、每百人拥有商品房销售面积 7 个指标是影响重点城市创新能力综合得分的重要因素。

（5）在湖南省 14 个城市中，2019 年创新能力综合得分排名前三的城市分别是长沙、株洲和湘潭；排名后三位的分别是邵阳、张家界和湘西；排名中间的城市（第 4 位到第 11 位）分别是岳阳、衡阳、娄底、郴州、益阳、常德、永州和怀化。

在上述研究基础上，抓住影响创新能力的关键因素，提出提升城市创新能力的对

绿色创新与高质量发展 ‖

策建议：

第一，突破重大核心技术，积极培育创新主体。对于创新能力综合得分较强的城市来说，其科技创新水平走在全国前列，突破一批具有重大带动作用的核心技术是引领高端产业发展的关键。通过定制式创新、协同创新、产学研协同创新等手段，围绕5G、生物医药、新材料技术、集成电路制造装备、智能化电子装备等高精尖领域，实施关键核心技术攻坚行动，开展重大仪器、装备及核心零部件研制，提升产业创新策源能力，夯实产业安全基础。鼓励企业承担实施国家、省重大科技专项、重点研发项目，重点突破"牵鼻子""卡脖子"关键技术，加快形成一批具有自主知识产权的原创性和标志性技术成果。对于创新能力综合得分较差的城市来说，创新型企业的培育是创新发展中的首要问题。首先，壮大创新型企业队伍。加大对科技型中小企业、高新技术企业、"新三板"上市企业的培育力度，对获得创新成就的单位给予奖励。其次，提升产学研成效。依托市内高校、科研院所，联合高新技术企业强化产学研合作联盟，引导企业聘请高校学者、科研院所专家作为科研顾问，不定期举办产学研合作项目对接会、成果发布会等活动，鼓励科技资源在高校、科研院所和企业间共享，共同促进创新发展。最后，组织高层次技术创新团队。围绕企业技术创新，引入、培育一批高层次创新人才，组成创新团队，允许采取年薪制、协议工资制、项目工资制等灵活多样的分配形式，加大绩效奖励，加强科研贡献的精准激励，最大限度地激发和释放团队的创新活力。

第二，大力营造创新环境，吸引和培养创新型高端人才。营造良好的创新环境吸引和培养创新型高端人才是当下最重要的事情。人才是第一资源，为切实推动城市创新能力的提高，必须要注重创新型高端人才的引进与培育。首先，完善创新型高端人才引进政策。深入实施"芙蓉人才行动计划"，把握好当前中美关系变局背景下部分科技创新人员准备回国工作的心理，创造良好条件，依托院士咨询和交流促进会、院士专家工作站、海智计划基地等平台，通过组团招聘、定向招聘、柔性引进等多种方式，依据当前产业发展需求，在重点产业领域引进一批熟悉国际科技创新前沿、能引领产业跨越发展的海内外高层次人才回国创新创业，并且根据创新发展的实际情况采用更有可操作性的人才招聘、考核等，保证人才评价认定机制的精准、高效和便捷。通过灵活的奖励政策和激励制度留住人才，为人才提供全方位的保障，对其配偶的工作、子女上学问题等提供服务。其次，注重创新型高端人才的培育。以需求为导向，有针对性地培育创新型高端人才，采取产学研融合方式，大学城与周围的高新区合作，产生理论与实践"碰撞"的效果，培养创新能力。加大高新技术企业、研究机构等人才培养力度，定期派遣科研人员外出学习，提高创新能力，探索城市人才优势转化为科技创新优势的路径，开展"一名院士、一个团队、一批企业、一个产业集群"模式试点。

034

第三，加大财政补助支撑，培育壮大一批"500强"企业。财政补助是政府对市场进行宏观调控最直接的方式，在极大程度上促进了创新发展，为此，应该加大财政资金对企业自主创新的引导和支持，优化财政科技经费投入，通过直接投入、补贴、贷款贴息等方式，激励企业加大科研投入力度。在企业土地使用、场所建设、成果转化和产权维护等方面给予政策支持，对众创空间、天使基金投资企业、处于孵化期企业等取得突出研究成果的小微企业，对承担国家级或省市级科技重大专项进而分配有研发计划的企业给予实时的奖励，并由财政安排专项资金支持，以此撬动企业在科研投入方面的积极性，从而促进地区经济发展，实现区域性的可持续发展。此外，以培育"世界500强"企业、行业龙头企业和新兴优势产业链领军企业为目标，引导大型企业加大创新投入、加强创新平台建设，推进重大技术、产品创新，促进企业做大做强，支持有条件的企业走国际化发展之路，培育大型企业集团，形成十亿、百亿、千亿、两千亿企业梯度跃进的局面。在此基础上，持续培育与壮大优势产业，支持优势企业发展壮大。做大做强做优国有资本，走出一条科技创新聚合、产业金融结合、资源要素整合，培育具有全球竞争力的世界一流企业之路。要坚持把国有企业搞好、把国有资本做大做优做强不动摇，推动国企混合所有制改革。加强国企科技创新，推动实体经济与现代金融紧密结合，推进企业各类资源、生产要素重新组合，提高企业发展质量。

参考文献

［1］湖南创新发展研究院.2019湖南创新发展研究院智库研究报告——创新引领高质量发展［M］.北京：经济管理出版社，2020.

［2］湖南创新发展研究院.2020湖南创新发展研究院智库研究报告——"创新型省份"建设与湖南"十四五"创新发展［M］.北京：经济管理出版社，2021.

［3］柳卸林，杨博旭，肖楠.我国区域创新能力变化的新特征、新趋势［J］.中国科学院院刊，2021，36（1）：54－63.

［4］师博，史萌.市场潜能提升区域创新能力的机理研究［J］.统计与信息论坛，2020，35（4）：89－95.

［5］徐鹏杰，黄少安.我国区域创新发展能力差异研究——基于政府与市场的视角［J］.财经科学，2020（2）：79－91.

［6］赵宏波，李光慧，苗长虹.河南省区域创新能力与提升路径［J］.经济经纬，2020，37（4）：11－19.

［7］中国科学院地理科学与资源研究所.中国创新型城市发展报告［M］.北京：科学出版社，2013.

［8］周锐波，刘叶子，杨卓文.中国城市创新能力的时空演化及溢出效应［J］.经济地理，2019，39（4）：85－92.

中国重点城市和湖南绿色
创新评价*

内容提要：经济从高速增长转向高质量发展是新时代中国特色社会主义的一个重要标志，经济高质量发展需要处理好经济增长与生态环境可持续性之间的关系。开展绿色创新评价是实现区域经济、社会和生态可持续发展的重要环节。本文对中国绿色创新的基本情况进行了介绍，通过构建中国省份、重点城市绿色创新评价指标体系，运用熵权法进行测度并对测度结果进行评价，提出有助于提升绿色创新的政策建议。旨在帮助政府等主体更好地掌握区域绿色创新水平，推动产业优化、技术创新、绿色环保，为实现经济高质量发展助力，同时也为服务湖南"三高四新"战略提供理论支撑和智力支持。

关键词：31 个省份；119 个重点城市；湖南 14 个城市；绿色创新

核心观点：

（1）2019 年全国绿色创新综合得分排名前五的省份分别是广东、北京、江苏、上海、浙江，都处于东部地区；湖南省在各省份中排名第 9。与 2018 年绿色创新综合得分相比，全国前三位的省份并未发生改变，北京由 2018 年的第三位上升为第二位，江苏下降一位，位于第三。上海由原来的第六位上升至第四位，浙江下降一位，成为第五位。

（2）2019 年在全国 119 个重点城市中，绿色创新综合得分排名前五的城市分别是北京、深圳、广州、杭州、上海。其中，"北上广深"作为传统的一线城市继续领跑全国 119 个重点城市，杭州的绿色创新超过上海，位居第四。而南京、珠海、佛山、合

---

　　* 本文是湖南省自然科学基金面上项目（2021JJ30282）、教育部人文社科青年基金项目（16YJC790018）、湖南省哲学社会科学规划一般项目（XSP20YBC051）的阶段性成果。

肥、成都则依次成为"中国最具绿色创新力的城市"前10位。此外，长沙、湘潭、株洲、郴州、衡阳、岳阳在119个重点城市中分别排名第24、第64、第73、第74、第97、第107。

（3）规模以上工业企业R&D项目数、R&D外部经费支出额、规模以上工业企业新产品开发经费支出额、高新技术产业消化吸收经费支出额、技术市场成交额、规模以上工业企业新产品销售收入、"新三板"上市公司数量7个指标是影响省级绿色创新综合得分的重要因素。

（4）财政科技投入占地方财政支出比重、财政教育投入占地方财政支出比重、人均地区生产总值、市辖区绿地面积、建成区绿化覆盖率、一般工业固体废物综合利用率、生活垃圾无害化处理率、工业废水排放量、工业氮氧化物排放量、工业二氧化硫排放量、工业烟尘排放量以及PM2.5年平均浓度12个指标是影响重点城市绿色创新综合得分的重要因素。

（5）2019年湖南在全国31个省份的绿色创新综合排名中位列第9，相较于上年排名提升一位，在37项绿色创新指标中有33项排名位于全国前15。此外，在湖南14个城市中，2019年绿色创新综合得分排名前三的城市分别是长沙、湘潭和株洲；排名后三位的分别是邵阳、湘西和娄底；排名中间的城市（第4位到第11位）分别是郴州、衡阳、岳阳、永州、常德、益阳、怀化和张家界。

一、绿色创新指标体系构建

改革开放以来，中国经济总量和科技发展水平不断提高，但与此同时粗放型经济增长模式引致的资源过度消耗、生态环境恶化等一系列问题，制约着企业创新和高质量发展。2017年10月18日，习近平在党的十九大报告中指出："坚持人与自然和谐共生。""必须树立和践行绿水青山就是金山银山的理念，坚持节约资源和保护环境的基本国策。"该理念的实践路径是企业绿色创新。党的十九届五中全会强调，推动绿色发展，促进人与自然和谐共生。企业绿色创新是推动绿色发展和全面绿色转型的关键，绿色创新使"天更蓝、水更清"，环境质量得到改善。据2019年《国民经济统计公报》数据统计，监测的337个地级及以上城市空气质量达标率仅为46.6%。由耶鲁大学发布的《2019年环境绩效指数报告》也可以看出，中国目前环境问题不容乐观。其数据揭示了中国环境绩效指数综合得分仅为50.74，远远落后于美英等西方发达国家，在全球主要国家排名中仅位列第120名。绿色创新作为实现我国可持续发展的重要途径，对其能力进行评价可以帮助政府、社会各主体掌握区域绿色创新水平，明确区域具有创新性、收益性的环境友好活动开展情况，从而实现区域经济、社会和环境可持续发展，进一步提高经济社会发展质量。

自1989年英国环境经济学家Pearce等提出"绿色经济"的概念以来，"绿色经济"的内涵便被不断拓展。"绿色创新"概念于1996年首次提出便受到广泛关注，认为其是以可持续发展或减轻环境负担为目标对具有商业价值的新过程、新行为、新系统和新产品的创造和应用。"双重外部性"是绿色创新的典型特征，即创新成果正外部性与环境效益正外部性共存，由此引发市场失灵与政府失灵，同时也表明绿色创新在技术条件、创新投资等方面存在独有的演化逻辑。Reid和Miedzinski（2008）提出，企业绿色创新具有价值共生功能，绿色创新中生态导向创新与经济导向创新的特殊共生关系能够促进生态与经济绩效相升，最终实现资源的最佳配置。因此，应鼓励企业践行"和谐共生"的可持续发展战略，主动进行绿色创新。Schiederig等（2014）利用Google Scholar数据库对1990~2012年的文献分析发现"绿色创新"有关的研究自2005年开始出现，2008年开始快速增加，国际学界广泛使用"绿色创新"的概念并从不同角度丰富相关研究，其中很多学者对绿色创新评价做了大量的探索工作。根据研究单元的不同，学者们主要针对四个不同尺度层面的单元进行绿色创新评价，即国家层面、省级层面、行业层面、企业层面。从国家层面来看，OECD构建的《奥斯陆手册》（*OSLO Manual*）已成为国际认可的创新调查指南，是评测各个国家创新能力必备的指导书。由社会科学文献出版社出版的二十国集团国家创新竞争力黄皮书《二十国集团（G20）国家创新竞争力发展报告（2017—2018）》，着力对G20国家绿色创新进行比较分析，以期为各国绿色创新发展提供借鉴。从省级层面来看，曹慧等（2016）从创新投入、创新产出、绿色发展三个方面构建了区域绿色创新评价指标体系，认为我国省级绿色创新分布不均衡，整体水平偏低。华振（2011）从创新投入、创新产出和创新环境层面构建了评价区域绿色创新绩效的指标体系，对东北三省进行评价。从行业层面看，李晓阳等（2018）基于SBM - DEA三阶段方法，评估中国省级区域的工业绿色创新效率。毕克新等（2016）主观筛选构造了中国制造业绿色创新指标体系。从企业层面来看，中华人民共和国科技部构建了测评企业绿色创新的指标体系。张好舟等（2021）构建了由投入、研发、产出和管理四大能力要素构成的企业绿色创新评价体系。

现阶段，国内学者已对绿色创新形成较为完善的研究体系，相关研究主要集中在以下几个方面：①区域绿色创新效率测度。现有研究对绿色创新效率的测度大多沿用传统随机前沿分析方法和数据包络分析方法，如张峰（2020）利用随机前沿函数构建三阶段效率测度模型测算全国28个省份绿色创新效率；韩晶（2012）应用传统DEA

径向 BCC 模型探讨全国 30 个省份绿色创新水平；而冯志军（2020）认为传统 DEA 模型在测算绿色创新效率时没有考虑到要素"松弛"问题，进而引入 DEA – SBM 模型测算全国八大经济区绿色创新效率，并与 DEA – CCR 模型对比得出比 SBM 模型更加科学的结论。随着研究不断深入，超效率 DEA 模型的提出不仅解决了传统 DEA 忽略非期望产出的问题，而且能够更加细化有效单元的效率差异，逐渐成为测算绿色创新效率的主流方法。②关于绿色创新效率空间差异分析。区域发展水平及资源禀赋等因素不同决定了绿色创新效率在空间分布上具有差异化特征，现有学者基于不同尺度对其空间差异进行了大量卓有成效的研究。如吕岩威等（2020）研究发现，中国省域绿色创新效率存在显著的空间异质性，且空间跃迁表现出高度空间稳定性；钱丽等（2021）对我国工业企业绿色技术创新效率区域差异进行研究后发现，我国东部地区绿色技术创新水平高于中西部，且差距继续扩大；彭甲超等（2019）对长江经济带绿色创新效率进行研究，发现下游、中游、上游绿色创新效率水平差异化特征明显。结合这些文献来看，无论哪种尺度的研究均能够证明我国各区域之间绿色创新效率增长具有不均衡、不充分的特征。③绿色创新效率影响因素研究。绿色创新效率是兼顾经济与生态双重特征的典型指标，因而受到多种因素影响，学者们普遍认为经济发展水平能够带来更多创新要素投入，从而刺激企业加速创新、高效创新。

根据我国绿色创新基本情况分析，形成了绿色创新评价指标体系的基本框架（见图 1）。

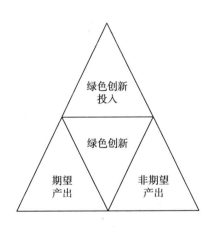

图 1　绿色创新评价指标体系基本框架

绿色创新评价指标的选取除了依据绿色创新的内涵及特征之外，还遵循了以下原则：

（1）全面。尽可能包含从各个方面、各个角度反映绿色创新的指标。

（2）规范。无论是从指标名称、统计口径，还是从计算方法上，都力求符合统计规范。

（3）公开。生成评价指标的基础数据主要来源于《中国统计年鉴》《中国城市统计年鉴》《中国科技统计年鉴》及《中国火炬统计年鉴》等国家、地区、城市政府公布的统计年鉴、统计公报等官方公开出版物，部分缺失数据采用插值法进行填补。除官方公布的统计数据外，也从中国知网、经济金融研究数据库（CSMAR）等公开网站进行查找。

（4）联系实际。指标的选择与国内城市发展水平相适应，符合中国特色。

（一）中国31个省份绿色创新评价指标体系

为了保持研究结果的连续性和可比性，本文大部分沿用了《2020湖南创新发展研究院智库研究报告》中的绿色创新评价指标体系。评价指标体系由两个层次指标构成，在中国31个省份绿色创新评价指标体系中（见表1），一级指标共三个，主要包括绿色创新投入、期望产出、非期望产出（见图2）。

表1　中国31个省份绿色创新评价指标体系

一级指标	序号	二级指标
绿色创新投入（17个）	1	科技活动人员数（人）
	2	规模以上工业企业R&D项目数（个）
	3	R&D人员数（人）
	4	财政科技投入占地方财政支出比重（%）
	5	财政教育投入占地方财政支出比重（%）
	6	R&D内部经费支出额（万元）
	7	R&D外部经费支出额（万元）
	8	规模以上工业企业新产品开发经费支出额（万元）
	9	规模以上工业企业技术改造经费支出额（万元）
	10	高新技术产业消化吸收经费支出额（万元）
	11	国家自然科学基金面上项目数（个）
	12	国家自然科学基金面上项目经费（万元）
	13	国家社会科学基金项目数（个）
	14	国家实验室数量（个）
	15	博士生毕业人数（个）
	16	高等学校数（个）
	17	能源消耗总量（万吨标准煤）
期望产出（15个）	18	技术市场成交额（万元）
	19	规模以上工业企业新产品销售收入（万元）

续表

一级指标	序号	二级指标
期望产出（15个）	20	高新技术产业新产品销售收入（万元）
	21	人均地区生产总值（元）
	22	市辖区绿地面积（公顷）
	23	建成区绿化覆盖率（%）
	24	每万人拥有公共汽车数（辆/万人）
	25	一般工业固体废物综合利用量（万吨）
	26	生活垃圾无害化处理率（%）
	27	"新三板"上市公司数量（个）
	28	高新技术产业工业总产值（千元）
	29	SCI 和 EI 工程发文量（篇）
	30	绿色专利申请数（件）
	31	专利申请数（件）
	32	专利申请授权数（件）
非期望产出（5个）	33	工业废水排放量（万吨）
	34	工业氮氧化物排放量（吨）
	35	工业二氧化硫排放量（吨）
	36	工业烟尘排放量（吨）
	37	PM2.5 年平均浓度（微克/立方米）

图 2　绿色创新评价指标体系一级指标

　　二级指标共 37 个，主要包括绿色创新投入二级指标 17 个、期望产出二级指标 15 个、非期望产出二级指标 5 个。

（二）中国 119 个重点城市绿色创新评价指标体系

　　与中国省份绿色创新评价指标体系相同，119 个重点城市绿色创新评价指标体系也主要沿用了《2020 湖南创新发展研究院智库研究报告》中的绿色创新评价指标体系。

在重点城市绿色创新评价指标体系中，鉴于数据的最终可得性，"中国重点城市绿色创新评价指标体系"的指标数量（见图3）比"中国31个省份绿色创新评价指标体系"要少，由37个二级指标减少为23个，其中绿色创新投入二级指标7个、期望产出二级指标11个、非期望产出二级指标5个。其中，二级指标中的"一般工业固体废物综合利用量"替换为"一般工业固体废物综合利用率"（"一般工业固体废物综合利用率"是指一般工业固体废物综合利用量占一般固体废物产生量与综合利用往年贮存量之和的百分率）。

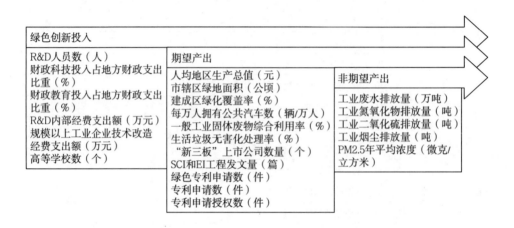

图3　中国119个重点城市绿色创新评价指标体系

本书采用熵权法综合评价中国31个省份和119个重点城市的绿色创新水平。其中，在熵权法第一步"原始数据 x_{ij} 标准化处理"中对"绿色创新投入"第17项指标和"非期望产出"指标数据进行负向处理：

$$x'_{ij} = \frac{\max x_{ij} - x_{ij}}{\max x_{ij} - \min x_{ij}} \tag{1}$$

式（1）中，x_{ij} 为原始数据，x'_{ij} 为标准化后的数据，$\max x_{ij}$ 为原始数据的最大值，$\min x_{ij}$ 为原始数据的最小值。

二、中国31个省份绿色创新情况

通过运用熵权法对中国31个省份的绿色创新进行测度，各指标的权重结果及2019年中国31个省份绿色创新综合得分及排名情况如表2、表3所示。

表2 中国31个省份绿色创新评价指标体系及权重结果

一级指标	序号	二级指标	权重
绿色创新投入（17个）	1	科技活动人员数（人）	0.0276
	2	规模以上工业企业R&D项目数（个）	0.0438
	3	R&D人员数（人）	0.0295
	4	财政科技投入占地方财政支出比重（%）	0.0203
	5	财政教育投入占地方财政支出比重（%）	0.0179
	6	R&D内部经费支出额（万元）	0.0315
	7	R&D外部经费支出额（万元）	0.0425
	8	规模以上工业企业新产品开发经费支出额（万元）	0.0612
	9	规模以上工业企业技术改造经费支出额（万元）	0.0254
	10	高新技术产业消化吸收经费支出额（万元）	0.0691
	11	国家自然科学基金面上项目数（个）	0.0371
	12	国家自然科学基金面上项目经费（万元）	0.0370
	13	国家社会科学基金项目数（个）	0.0205
	14	国家实验室数量（个）	0.0388
	15	博士生毕业人数（个）	0.0275
	16	高等学校数（个）	0.0096
	17	能源消耗总量（万吨标准煤）	0.0131
期望产出（15个）	18	技术市场成交额（万元）	0.0454
	19	规模以上工业企业新产品销售收入（万元）	0.0403
	20	高新技术产业新产品销售收入（万元）	0.0637
	21	人均地区生产总值（元）	0.0195
	22	市辖区绿地面积（公顷）	0.0221
	23	建成区绿化覆盖率（%）	0.0086
	24	每万人拥有公共汽车数（辆/万人）	0.0225
	25	一般工业固体废物综合利用量（万吨）	0.0173
	26	生活垃圾无害化处理率（%）	0.0036
	27	"新三板"上市公司数量（个）	0.0410
	28	高新技术产业工业总产值（千元）	0.0354
	29	SCI和EI工程发文量（篇）	0.0284
	30	绿色专利申请数（件）	0.0304
	31	专利申请数（件）	0.0366
	32	专利申请授权数（件）	0.0385
非期望产出（5个）	33	工业废水排放量（万吨）	0.0031
	34	工业氮氧化物排放量（吨）	0.0056
	35	工业二氧化硫排放量（吨）	0.0039
	36	工业烟尘排放量（吨）	0.0033
	37	PM2.5年平均浓度（微克/立方米）	0.0084

表3　2019年中国31个省份绿色创新综合得分和排名情况

省份	综合得分 F	排名变化	省份	综合得分 F	排名变化	省份	综合得分 F	排名变化
广东	0.7109	0	河南	0.1788	0	山西	0.0962	+1
江苏	0.5505	−1	陕西	0.1609	−2	贵州	0.0731	−2
北京	0.5593	+1	天津	0.1693	0	黑龙江	0.1080	+5
浙江	0.4171	−1	辽宁	0.1597	−1	内蒙古	0.0893	+2
山东	0.3123	−1	吉林	0.1734	3	海南	0.0613	−1
上海	0.4673	+2	河北	0.1575	0	新疆	0.0626	+1
湖北	0.2451	0	重庆	0.1259	−1	宁夏	0.0531	0
安徽	0.2046	0	江西	0.1372	+1	青海	0.0418	0
福建	0.2040	−1	广西	0.1031	−1	西藏	0.0387	0
湖南	0.2045	+1	甘肃	0.0920	−2			
四川	0.1932	0	云南	0.0855	−3			

如图4所示，相较于非期望产出，绿色创新投入及期望产出的指标权重较大。通过对表2数据进行进一步分析可知，权重超过0.04的指标有7个，分别为规模以上工业企业R&D项目数、R&D外部经费支出额、规模以上工业企业新产品开发经费支出额、高新技术产业消化吸收经费支出额、技术市场成交额、规模以上工业企业新产品销售收入、"新三板"上市公司数量。根据信息熵的概念，这7个指标相对来说波动的幅度更大，也意味着有更大的权重。由此可见，R&D项目、经费投入、新产品开发以及市场运营是提高省级绿色创新能力的重要途径。

根据2019年中国31个省份绿色创新综合得分、排名及变化，与2018年相比，全国前三位的省份相较于上年并未发生变化，只是北京上升了一位，位于第二，江苏下降一位，位于第三（见图5）。

上海由原来的第六位上升至第四位，浙江下降一位，成为第五位。与前一年的绿色创新排名相比，排名上升的省份有九个，分别为北京、上海、湖南、吉林、江西、山西、黑龙江、内蒙古与新疆，与国家的"中部崛起""振兴东北"及"一带一路"等相呼应。其中上升最多的为黑龙江，共上升5个名次，位于全国第20位。排名发生下降的省份有12个，分别为江苏、浙江、山东、福建、陕西、辽宁、重庆、广西、甘肃、云南、贵州以及海南，其中云南降幅最大，共下降三位，排名第25。云南作为知名的旅游大省，其经济受疫情影响巨大，绿色创新也相应受到影响。

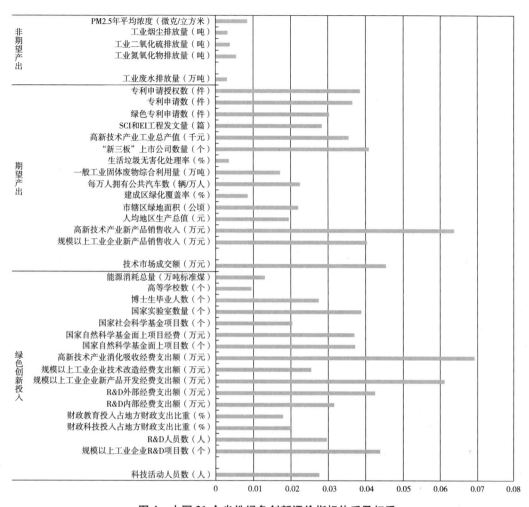

图4　中国31个省份绿色创新评价指标体系及权重

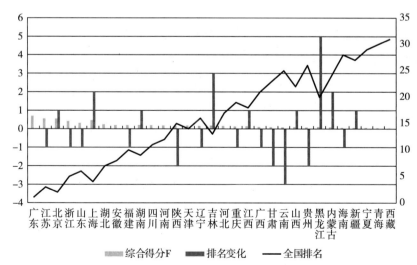

图5　2019年中国31个省份绿色创新综合得分、排名及变化

（一）中国 31 个省份绿色创新

1. 广东

按照测评结果，广东是全国参评 31 个省份中绿色创新最强的省份（见图 6）。2019 年广东的绿色创新综合得分为 0.7109，排在参评省份的第一位，与 2018 年相同。

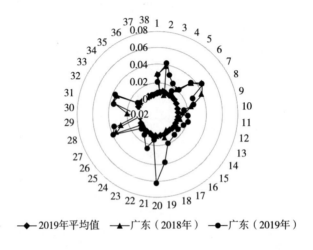

图 6　2018～2019 年广东绿色创新评价二级指标得分

在 37 个测度指标中，广东几乎全面高于全国平均水平，并且在规模以上工业企业 R&D 项目数、R&D 人员数、高新技术产业新产品销售收入、规模以上工业企业新产品销售收入及"新三板"上市公司数量等方面具有突出优势。

2. 北京

由图 7 可知，2019 年北京在所有绿色创新测度指标的表现均高于全国平均水平。同时，绝大部分指标的得分相较于 2018 年都有所提升。

北京作为首都，科技智力资源丰富，有基础、有条件、更有责任在服务国家创新驱动战略方面有更大的担当、更大的作为。北京明确了全国科技创新中心的战略定位，以建设国际一流的和谐宜居之都为发展目标。由于北京特殊的地位，它的绿色现代化必然会产生示范效应：从国内角度看，北京经济持续增长、人口增长主要是机械增长较快，率先与碳排放脱钩，率先碳排放下降，将成为全国城市绿色创新的榜样。

3. 浙江

2019 年浙江的绿色创新综合得分为 0.4171，排在第五位。与传统的工业省份不同，浙江近年来抓住了互联网经济的机遇，在绿色创新上处于领先水平。

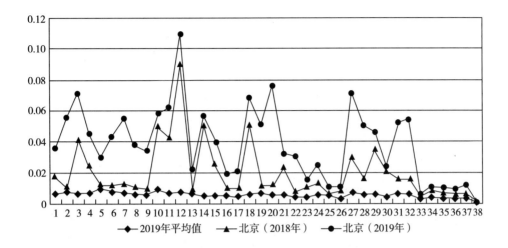

图7　2018～2019年北京绿色创新评价二级指标得分

由图8可以看出，浙江在所有37个指标测度中的表现整体优于当年全国平均水平，特别是在R&D、新产品开发及绿色专利申请方面表现突出，这与浙江特色块状产业经济的发展情况相符。

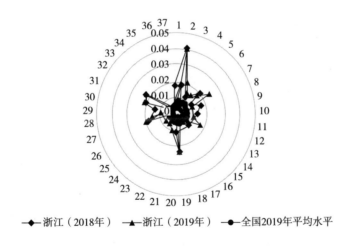

图8　2018～2019年浙江绿色创新评价二级指标得分

（二）湖南绿色创新

湖南在全国31个省份绿色创新综合评价中排名第9位，相较于上年排名提升一位。

由表4可以看出，在37项绿色创新指标中湖南有32项排名位于全国前15。相较于2018年，排在全国第15位以外（含第15位）的指标减少六项；排名进入全国前十名的指标继续保持着13项的水平。此外，各二级指标全国排名上升的共有16项，其中上升最大的是"SCI和EI工程发文量"和"PM2.5年平均浓度"这两项指标，都上升

表4　湖南绿色创新评价二级指标排名及变化

序号	评价指标	全国排名	排名变化	序号	评价指标	全国排名	排名变化	序号	评价指标	全国排名	排名变化	序号	评价指标	全国排名	排名变化
1	科技活动人员数	13	-2	11	国家自然科学基金面上项目数	11	0	21	人均地区生产总值	14	+6	31	专利申请数	12	+5
2	规模以上工业企业R&D项目数	8	0	12	国家自然科学基金面上项目经费	11	-1	22	市辖区绿地面积	16	-7	32	专利申请授权数	15	0
3	R&D人员数	12	+6	13	国家社会科学基金项目数	21	-15	23	建成区绿化覆盖率	25	-11	33	工业废水排放量	7	+12
4	财政科技投入占地方财政支出比重	13	+1	14	国家实验室数量	11	-3	24	每万人拥有公共汽车数	15	-6	34	工业氮氧化物排放量	14	-4
5	财政教育投入占地方财政支出比重	11	+4	15	博士生毕业人数	11	-2	25	一般工业固体废物综合利用量	21	-13	35	工业二氧化硫排放量	13	-3
6	R&D内部经费支出额	10	-1	16	高等学校数	7	+7	26	生活垃圾无害化处理率	10	0	36	工业烟尘排放量	16	-9
7	R&D外部经费支出额	9	-3	17	能源消耗总量	13	+3	27	"新三板"上市公司数量	14	-1	37	PM2.5年平均浓度	8	+14
8	规模以上工业企业新产品开发经费支出额	7	-1	18	技术市场成交额	12	-3	28	高新技术产业工业总产值	8	+7				
9	规模以上工业企业技术改造经费支出额	9	0	19	规模以上工业企业新产品销售收入	8	+3	29	SCI和EI工程发文量	11	+14				
10	高新技术产业消化吸收经费支出额	5	+4	20	高新技术产业新产品销售收入	14	-10	30	绿色专利申请数	8	+10				

14位。"SCI和EI工程发文量"指标的排名上升说明了全省高校及科研机构在这一年成果良多，拉动了湖南的科研水平；"PM2.5年平均浓度"指标的排名上升则说明湖南在环境治理方面取得了一定成绩。

三、中国重点城市绿色创新情况

（一）中国重点城市绿色创新排名

从表5权重中可以看出，权重超过0.05的指标有12个，分别为财政科技投入占地方财政支出比重、财政教育投入占地方财政支出比重、人均地区生产总值、市辖区绿地面积、建成区绿化覆盖率、一般工业固体废物综合利用率、生活垃圾无害化处理率、工业废水排放量、工业氮氧化物排放量、工业二氧化硫排放量、工业烟尘排放量以及PM2.5年平均浓度。由于权重较高，这12个指标是影响城市绿色创新综合得分的重要因素。显而易见，这12个指标都与环境及经济水平密切相关，这说明降低污染物排放、提升处理效率以及提高经济发展水平是提高城市绿色创新能力的关键。

表5 中国重点城市绿色创新评价指标体系及权重

一级指标	序号	二级指标	权重
绿色创新投入（7个）	1	科技活动人员数（人）	0.0114
	2	R&D 人员数（人）	0.0327
	3	财政科技投入占地方财政支出比重（%）	0.0503
	4	财政教育投入占地方财政支出比重（%）	0.0598
	5	R&D 内部经费支出额（万元）	0.0231
	6	规模以上工业企业技术改造经费支出额（万元）	0.0460
	7	高等学校数（个）	0.0376
期望产出（11个）	8	人均地区生产总值（元）	0.0560
	9	市辖区绿地面积（公顷）	0.0642
	10	建成区绿化覆盖率（%）	0.0619
	11	每万人拥有公共汽车数（辆/万人）	0.0432
	12	一般工业固体废物综合利用率（%）	0.0625
	13	生活垃圾无害化处理率（%）	0.0624
	14	"新三板"上市公司数量（个）	0.0152
	15	SCI 和 EI 工程发文量（篇）	0.0132
	16	绿色专利申请数（件）	0.0281
	17	专利申请数（件）	0.0329
	18	专利申请授权数（件）	0.0330
非期望产出（5个）	19	工业废水排放量（万吨）	0.0657
	20	工业氮氧化物排放量（吨）	0.0651
	21	工业二氧化硫排放量（吨）	0.0655
	22	工业烟尘排放量（吨）	0.0654
	23	PM2.5年平均浓度（微克/立方米）	0.0588

通过运用熵权法对中国119个重点城市进行测度，各指标的权重结果及2019年中国119个重点城市绿色创新综合得分及排名结果如表6所示。

表6 2019年中国119个重点城市绿色创新综合得分、排名及变化

城市	综合得分	排名变化	城市	综合得分	排名变化	城市	综合得分	排名变化	城市	综合得分	排名变化
深圳	0.7435	−1	金华	0.5297	−2	淮安	0.5387	+33	衡阳	0.4461	−6
北京	0.7693	+1	湖州	0.5199	−8	宁德	0.4816	−6	商丘	0.4543	+1
广州	0.7344	0	嘉兴	0.5074	−15	三亚	0.4628	−19	信阳	0.4615	+10
上海	0.6579	−1	大连	0.4881	−29	郴州	0.4715	−10	九江	0.4883	+32
南京	0.6211	−1	常州	0.5088	−12	徐州	0.5267	+31	泰安	0.4588	+10
珠海	0.6204	−1	无锡	0.5326	+4	廊坊	0.4864	0	石家庄	0.4453	−3
杭州	0.6617	+3	南宁	0.4850	−30	沈阳	0.4478	−27	南阳	0.4674	+17
东莞	0.5750	−3	芜湖	0.4936	−19	长春	0.4921	+9	济宁	0.4707	+22
佛山	0.5873	+1	西安	0.5248	+4	湘潭	0.4877	+5	滁州	0.4727	+27
成都	0.5787	0	三明	0.5006	−14	桂林	0.4545	−20	潍坊	0.4457	+2
厦门	0.5563	−6	海口	0.5002	−14	梅州	0.4893	+11	哈尔滨	0.4150	−11
中山	0.5623	−1	扬州	0.5210	+4	洛阳	0.4739	+1	宜昌	0.4266	−8
合肥	0.5818	+4	济南	0.5106	−2	揭阳	0.4933	+15	马鞍山	0.4557	+14
长沙	0.5434	−10	丽水	0.5018	−9	兰州	0.4573	−12	清远	0.4698	+26
青岛	0.5500	−6	南平	0.5058	−4	柳州	0.4463	−21	银川	0.4284	−4
绍兴	0.5595	+1	武汉	0.5160	−2	淄博	0.4602	−8	阜阳	0.4412	+4
宁波	0.5612	+3	太原	0.4740	−23	襄阳	0.4421	−24	上饶	0.4875	+42
泉州	0.5342	−13	盐城	0.5232	+11	大庆	0.4361	−25	保定	0.4116	−5
温州	0.5460	−4	惠州	0.5180	+6	宿迁	0.4974	+23	包头	0.3848	−7
南昌	0.5376	−9	赣州	0.5186	+8	肇庆	0.4890	+19	岳阳	0.4301	+3
威海	0.5646	+9	泰州	0.5024	−1	乌鲁木齐	0.4709	+6	呼和浩特	0.4304	+5
台州	0.5552	+4	株洲	0.4721	−21	蚌埠	0.5204	+43	咸阳	0.4181	+1
苏州	0.5509	+3	湛江	0.5414	+26	安庆	0.4560	−5	莆田	0.5358	+83
重庆	0.4304	−81	绵阳	0.4666	−27	秦皇岛	0.4317	−20	荆州	0.4464	+19
南通	0.5512	+6	烟台	0.4806	−14	昆明	0.4520	−7	邯郸	0.3757	−2
镇江	0.5197	−15	贵阳	0.4692	−23	漳州	0.4497	−7	遵义	0.3999	+2
福州	0.5431	+1	连云港	0.5045	+7	舟山	0.5041	+36	潮州	0.4706	+40
天津	0.5564	+12	郑州	0.5105	+12	沧州	0.4563	+1	鞍山	0.4557	+29
汕头	0.5475	+7	江门	0.5238	+23	新乡	0.4432	−11	吉林	0.3857	+4
龙岩	0.5432	5	金华	0.5297	27	临沂	0.4291	−18			

从综合得分结果来看，在全国119个重点城市中，绿色创新综合得分排名前五的城市分别是北京、深圳、广州、杭州、上海。其中，"北上深广"作为传统的一线城市继续领跑全国119个重点城市，值得注意的是，杭州的绿色创新超过上海，位居第四。

而南京、珠海、佛山、合肥、成都则依次成为"中国最具绿色创新力的城市"前5。排名后10位（从第110位至第119位）的城市分别是临沂、银川、宜昌、咸阳、哈尔滨、保定、遵义、吉林、包头、邯郸。根据排名变化情况来看，提升最大的是莆田，上升83位，排名第30。莆田作为阿迪达斯、耐克等国际知名品牌的代工地，在"新疆棉"事件发生后配合政府出台的系列政策抓住机遇，大幅提升了绿色创新能力。下降最多的是重庆，共下降了81位。

（二）中国重点城市绿色创新层次

按照等位分法，对119个重点城市的绿色创新划分为四个梯队，第一梯队城市是综合得分排名为前10%的重点城市，第二梯队城市是综合得分排名为前10%～30%的重点城市，第三梯队城市是综合得分为前30%～60%的重点城市，余下的重点城市为第四梯队城市。

1. 第一梯队城市

由图9可知，绿色创新综合得分中排名前10%的第一梯队城市为北京、深圳、广州、杭州、上海、南京、珠海、佛山、合肥、成都、东莞、威海12个城市，这些城市多为经济相对发达的城市，《2019中国绿色城市指数TOP50报告》指出，由于经济发展对能源消费量的依存度相对较高，经济相对发达的城市，其能源消费量也相对较高。

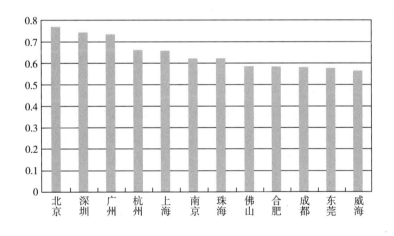

图9　第一梯队城市绿色创新综合得分

由于北京、深圳、广州、上海等城市的耗能较高，新能源和可再生能源成为这些城市未来清洁能源发展的重要方向，也是生态文明建设、能源生产和消费革命的重要内容。北京2022年冬奥会和冬残奥会可持续性承诺提出，到2022年，全市可再生能源占能源消费总量比重达到10%以上。未来，绿色创新领先城市将可再生能源发展作为城市发展和结构调整的新动力，努力构建以电力和天然气为主，地热能、太阳能和风能等为辅的优质能源体系，推进经济社会绿色化、低碳化转型。

2. 第二梯队城市

由图10可知，第二梯队城市为综合得分中排名第13～36名的重点城市，共24个。这些城市多为长三角城市群、珠三角城市群、武汉城市群、长株潭城市群以及环鄱阳湖城市群中的城市。2020年9月，我国宣布二氧化碳排放力争于2030年前达到峰值，努力争取2060年前实现碳中和。2021年2月2日，国务院发布《关于加快建立健全绿色低碳循环发展经济体系的指导意见》，提出"构建市场导向的绿色技术创新体系"。将低碳创新融入绿色创新，研究我国城市群的绿色创新机理具有重要价值。

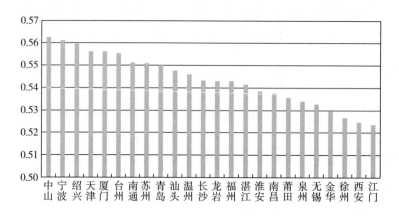

图10　第二梯队城市绿色创新综合得分

城市群创新理论强调创新物力资源的作用，但忽视城市群创新中的自然资源（含生态系统服务、废弃物吸收能力）消耗和"废物"价值，不利于城市群可持续发展。根据循环、低碳和绿色发展理论、比较优势理论与城市群创新理论，绿色创新资源的城市差异和集聚绿色创新（如集聚低碳创新）是影响城市群绿色创新能力差异的基本因素。以武汉城市群、长株潭城市群以及环鄱阳湖城市群等为例，它们能够产生城市群绿色创新的比较优势。在"双循环"战略背景下，这些城市群的城市之间打破行政区划限制，互为市场。根据演化经济学理论，为追求长期利益，发展绿色生产力，这些城市群应该根据自身动态比较绿色创新优势，确定城市群绿色创新方向，不断提高城市群绿色技术水平和绿色创新体系层级。

3. 第三梯队城市

由图11可知，第三梯队城市为综合得分中排名第37～72名的重点城市，共36个。第三梯队城市大多存在着不同程度的老龄化，同时人口流出率大于流入率。社会需求拉动机制与经济利益驱动机制是低碳和绿色发展重要动力机制。城市中的消费者对主要绿色创新产出即绿色知识、绿色技术、绿色产品和绿色服务产生需求，这些需求能拉动绿色企业发展，激励绿色知识创造、绿色技术研发，要求城市创新组织演变为绿色创新组织如低碳企业、低碳研究机构、低碳高等院校、低碳政府、低碳中介服务机构。由于第三梯队城市的消费者对绿色创新产出的需求相对较弱，导致了需求倒逼绿色创新动力不足，所以在绿色创新能力上也略逊于第一、第二梯队城市。

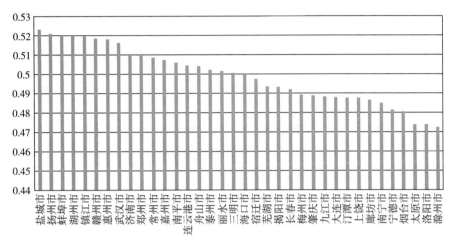

图 11　第三梯队城市绿色创新综合得分

4. 第四梯队城市

由图 12 可知，位于第四梯队城市得分较为平均且经济相差不大。值得注意的是，重庆作为经济发达的直辖市也位于排名最末的 17 座全国重点城市中。重庆此次排名大幅下降的原因主要有两个：一是受疫情影响，技术市场成交额及高新技术产业新产品销售收入较低；二是重庆主城区迎来了扩容，从传统的 9 区扩充到了 21 区，最偏僻的巫山县、奉节县，离重庆核心地区距离超过 400 千米，已经超过了城市的范畴，所以重庆绿色创新评分存在被新增区域平均的情况。

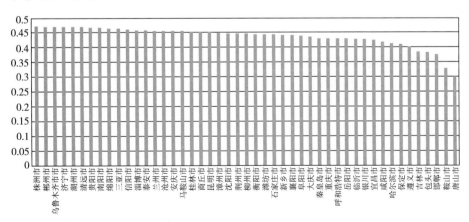

图 12　第四梯队城市绿色创新综合得分

四、湖南城市绿色创新

近年来，湖南把绿色创新摆在发展全局的核心位置，坚持以优化创新环境、培育创新主体、加大研发投入、推进成果转化等重点工作为抓手，绿色创新机制体制不断完善，绿色创新发展实效不断增强，环境保护发展成效取得重大突破。表 7 为湖南城市绿色创新评价指标体系及权重。

表 7　湖南城市绿色创新评价指标体系及权重

一级指标	序号	二级指标	权重
绿色创新投入（7 个）	1	科技活动人员数（人）	0.0466
	2	R&D 人员数（人）	0.0494
	3	财政科技投入占地方财政支出比重（%）	0.0411
	4	财政教育投入占地方财政支出比重（%）	0.0345
	5	R&D 内部经费支出额（万元）	0.0467
	6	规模以上工业企业技术改造经费支出额（万元）	0.0423
	7	高等学校数（个）	0.0746
期望产出（11 个）	8	人均地区生产总值（元）	0.0415
	9	市辖区绿地面积（公顷）	0.0408
	10	建成区绿化覆盖率（%）	0.0315
	11	每万人拥有公共汽车数（辆/万人）	0.0405
	12	一般工业固体废物综合利用率（%）	0.0296
	13	生活垃圾无害化处理率（%）	0.0282
	14	"新三板"上市公司数量（个）	0.0584
	15	SCI 和 EI 工程发文量（篇）	0.0755
	16	绿色专利申请数（件）	0.0762
	17	专利申请数（件）	0.0443
	18	专利申请授权数（件）	0.0468
非期望产出（5 个）	19	工业废水排放量（万吨）	0.0291
	20	工业氮氧化物排放量（吨）	0.0297
	21	工业二氧化硫排放量（吨）	0.0303
	22	工业烟尘排放量（吨）	0.0285
	23	PM2.5 年平均浓度（微克/立方米）	0.0341

由表 8 可以看出，长沙作为省会城市在湖南 14 个城市绿色创新综合评分排名中稳居第一，湘潭、株洲虽位列第二、第三，但与长沙仍有较大差距。长沙作为实施"三高四新"战略的"领头雁"，在建设现代化新湖南示范区，立足新发展阶段，贯彻新发展理念，融入新发展格局，抬高发展坐标，强化省会担当，全面推进高质量发展等方面持续贡献力量。在湖南 14 个城市绿色创新评价指标体系的权重中，高等学校数、SCI 和 EI 工程发文量及绿色专利申请数权重最高，而这三个指标都与科技活动人员数息息相关。

表 8　2019 年湖南 14 个城市绿色创新综合得分及排名

城市	综合得分 F	全省排名	城市	综合得分 F	全省排名	城市	综合得分 F	全省排名
长沙	0.8921	1	岳阳	0.2352	6	张家界	0.2161	11
湘潭	0.3597	2	永州	0.2339	7	邵阳	0.2096	12
株洲	0.3584	3	常德	0.2287	8	湘西	0.1954	13
郴州	0.2972	4	益阳	0.2187	9	娄底	0.1751	14
衡阳	0.2803	5	怀化	0.2175	10			

图 13 为科技活动人员数，反映了湖南就业人员的综合素质和人力创新资源的情况，2019 年湖南 14 个城市科技活动人员数排名由高到低依次为：长沙、株洲、湘潭、衡阳、岳阳、益阳、常德、永州、郴州、邵阳、娄底、怀化、湘西、张家界。除长株潭地区名列前茅外，衡阳的表现最为突出，科技活动人数仅比湘潭少 85 人，位列第四。排名第一的长沙达到了 103547 人，而排名最末的张家界仅有 1091 人，这体现了科技活动人数的地区差异。长沙围绕打造国家重要先进制造业高地、具有核心竞争力的科技创新高地、内陆地区改革开放高地，分别出台三年行动计划，实施先进制造业高地八大工程、科技创新七大计划、改革开放九项行动，这些举措大力吸引了科技人才的流入，对推进传统产业转型升级、加快新兴产业布局和壮大起到了关键作用。同时，长株潭"半小时"经济圈基本形成，长株潭都市圈发展迈出稳健步伐，得益于城市的溢出效应，株洲与湘潭将持续吸收长沙的溢出资源从而得到进一步发展。

新产品开发是指从研究选择适应市场需要的产品开始到产品设计、工艺制造设计，直到投入正常生产的一系列决策过程。从广义而言，新产品开发既包括新产品的研制，也包括原有的老产品的改进与换代。新产品开发是企业研究与开发的重点内容，也是企业生存和发展的战略核心之一。企业新产品开发的实质是推出不同内涵与外延的新产品，是衡量创新产出的一个指标。从图 14 中可以看出，2019 年湖南 14 个城市规模以

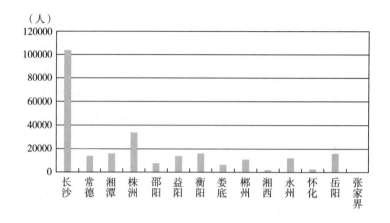

图 13　湖南 14 个城市科技活动人员数

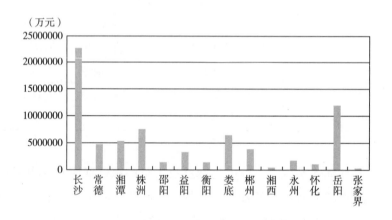

图 14　湖南 14 个城市规模以上工业企业新产品销售收入

上工业企业新产品销售收入排名依次是长沙、岳阳、株洲、娄底、湘潭、常德、郴州、益阳、永州、衡阳、邵阳、怀化、湘西、张家界。由图 14 可知，湖南规模以上工业企业新产品销售收入主要集中在某些城市，两极分化较为严重，长沙的规模以上工业企业新产品销售收入是排在最末的张家界的 383 倍。

　　R&D 内部经费支出额是用来衡量绿色创新投入的另一个指标，它可以反映一个国家或地区的科技投入水平，同时在我国中长期科技发展规划纲要评价体系中占据重要地位。由图 15 可知，湖南 14 个城市的 R&D 内部经费投入强度极不平衡，存在严重的地区差异性。2019 年湖南 14 个城市 R&D 内部经费支出额由高到低依次排序为：长沙、株洲、岳阳、湘潭、怀化、益阳、衡阳、娄底、永州、郴州、邵阳、张家界、湘西、常德。

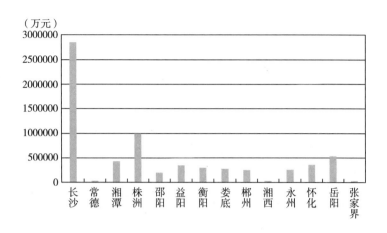

图 15　湖南 14 个城市 R&D 内部经费支出额

　　绿色专利制度是为了应对气候变化问题，针对绿色技术的特点，通过对专利申请审批程序、授予条件、保护期限等内容的特殊化设计，而构建的旨在促进绿色技术的研发、推广与应用的一套特殊的专利制度。因此，绿色专利申请数体现了 14 个城市绿色创新方面的能力水平。由图 16 可以看出，2019 年湖南绿色专利申请数由高到低依次为：长沙、常德、湘潭、株洲、邵阳、益阳、衡阳、娄底、郴州、湘西、永州、怀化、岳阳、张家界。

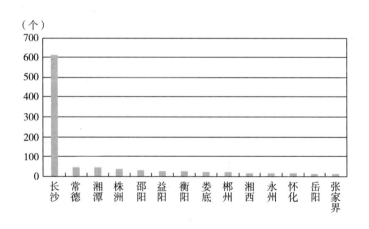

图 16　湖南 14 个城市绿色专利申请数

　　除绿色专利申请情况外，专利申请情况及专利申请授权情况也是衡量城市绿色创新的重要指标，反映了研发活动的产出水平和效率。由图 17 及图 18 可知，湖南 14 个城市的研发水平存在着非常大的地区差异。长沙无论是专利申请数量，还是专利申请授权数量都在全省遥遥领先。其专利申请数量更是占到全省 41.59% 之多，这说明长沙在省内研发活动的产出水平很高。

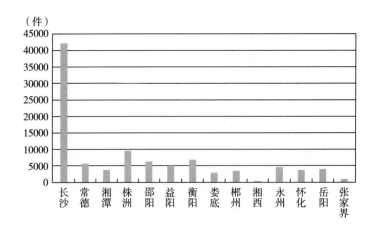

图17 湖南14个城市专利申请数

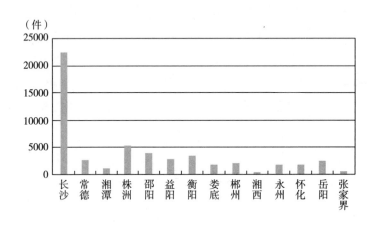

图18 湖南14个城市专利申请授权数

　　财政科技投入占地方财政支出比重反映了一个地区对科技的重视程度，绿色创新能力反映了一个地区教育投入的大小、政府对教育的支持力度以及重点、关键和前沿领域的规划和引导作用。由图19可知，湖南14个城市财政科技投入占地方财政支出比重差距不大，排名由高到低依次为：株洲、湘潭、长沙、岳阳、郴州、怀化、常德、永州、益阳、娄底、湘西、衡阳、邵阳、张家界。

　　财政教育投入占地方财政支出比重是衡量一个地区教育水平的基础线，是衡量绿色创新环境的一个指标，反映了一个地区教育投入的大小、政府对教育的支持力度以及重点、关键和前沿领域的规划和引导作用。由图20可知，湖南14个城市财政教育投入占地方财政支出比重差距不大，排名由高到低依次为：永州、娄底、怀化、郴州、邵阳、衡阳、益阳、长沙、张家界、岳阳、湘西、湘潭、常德、株洲。

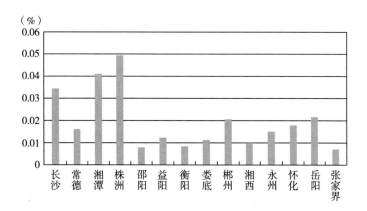

图 19 湖南 14 个城市财政科技投入占地方财政支出比重

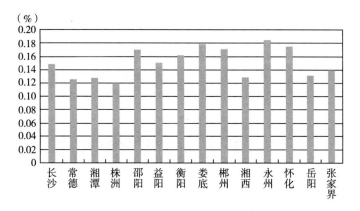

图 20 湖南 14 个城市财政教育投入占地方财政支出比重

　　高等学校数量反映了一个地区高等教育的水平，而高等教育的水平则会影响地区绿色创新的环境。2019 年湖南 14 个城市高等学校数量排名为：长沙、湘潭、株洲、衡阳、常德、益阳、岳阳、邵阳、娄底、郴州、湘西、永州、怀化、张家界。由图 21 可知，全省高等学校主要在长株潭地区及衡阳市集中，占全省总数的 69.64%。

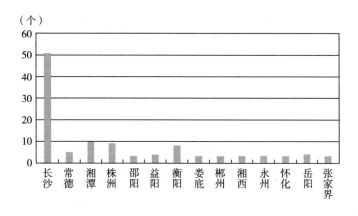

图 21 湖南 14 个城市高等学校数

工业废水排放量是环境统计主要指标之一，能够反映一个地区绿色创新的成效。工业废水排放量是指由工厂厂区内所有排放口排到厂区外部的工业废水总量，包括外排的生产工艺过程废水直接冷却水、清污不分流的间接冷却水、与工业废水混排的厂区生活污水、矿区超标排放的矿井地下水。由图 22 可知，2019 年全省工业废水排放排名为：岳阳、长沙、郴州、衡阳、娄底、湘潭、株洲、邵阳、怀化、益阳、永州、常德、张家界、湘西。

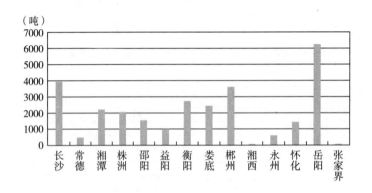

图 22　湖南 14 个城市工业废水排放量

工业废气中的含氮废气会对空气组分造成破坏，从而改变气体构成比例。尤其是石油产品的燃烧，在工业生产中石油产品的燃烧量巨大，而石油产品中氮化物含量大，因此废气中会含有大量氮氧化物，若排放到空气中会增加空气氮氧化物含量，对大气循环造成影响。工业氮氧化物的排放量可以反映一个地区工业绿色创新的水平，由图 23 可知，2019 年全省工业氮氧化物排放量的排名为：娄底、岳阳、湘潭、郴州、衡阳、株洲、永州、长沙、邵阳、益阳、怀化、常德、张家界、湘西。

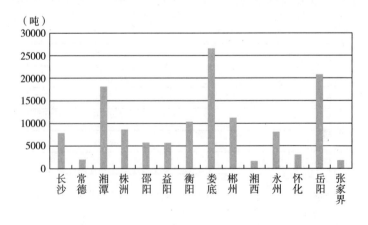

图 23　湖南 14 个城市工业氮氧化物排放量

工业二氧化硫排放量指工业企业在燃料燃烧和生产工艺过程中排入大气中的二氧化硫数量。含硫废气会对人们的生活环境造成直接危害，这是由于其同空气中的水结合能够形成酸性物质，引发酸雨。而酸雨会对植物、建筑以及人体健康造成损害，尤其会影响人的呼吸道。另外还会对土壤和水源造成影响，造成二次污染。因此，工业二氧化硫排放量可作为衡量一个地区绿色创新的重要指标。由图24可知，2019年湖南14个城市工业二氧化硫的排放量由高到低依次为：娄底、衡阳、郴州、湘潭、岳阳、株洲、邵阳、怀化、永州、长沙、益阳、常德、张家界、湘西。

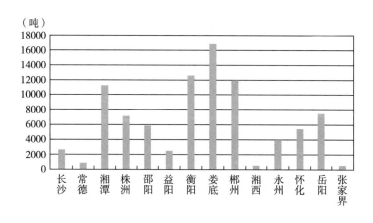

图24　湖南14个城市工业二氧化硫排放量

烟尘是工业最主要的污染气体排放之一，它不仅威胁人体健康，还严重破坏区域环境。工业烟尘排放量指工业企业在生产工艺过程中排放的颗粒物重量，如钢铁企业的耐火材料粉尘、焦化企业的筛焦系统粉尘、烧结机的粉尘、石灰窑的粉尘、建材企业的水泥粉尘等，但不包括电厂排入大气的烟尘。工业烟尘会给人体健康带来巨大的威胁，引发各种呼吸系统疾病，尤其是对上呼吸道损害很大，此外，烟尘还能与空气中的二氧化硫发生协同作用，加重其对身体的危害；而烟尘逸散到大气中后又会影响植物光合作用，并能够引发酸雨，导致土壤退化，破坏区域环境。之前学者对烟尘的环境影响研究表明，每吨烟尘排放造成的经济损失为150元，仅略低于每吨二氧化碳排放造成的经济损失。由图25可知，2019年全省工业烟尘排放量由高到低的排名为：娄底、湘潭、衡阳、郴州、岳阳、邵阳、永州、长沙、株洲、益阳、怀化、张家界、湘西、常德。

2013年2月，全国科学技术名词审定委员会将PM2.5的中文名称命名为细颗粒物。细颗粒物指环境空气中空气动力学当量直径小于等于2.5微米的颗粒物，又称细粒、细颗粒。它能较长时间悬浮于空气中，其在空气中含量浓度越高，就代表空气污染越严重。虽然PM2.5只是地球大气成分中含量很少的组分，但它对空气质量和能见

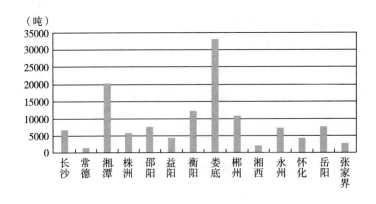

图25 湖南14个城市工业烟尘排放量

度等有重要的影响。与较粗的大气颗粒物相比，PM2.5粒径小，面积大，活性强，易附带有毒、有害物质（例如，重金属、微生物等），且在大气中的停留时间长、输送距离远，因而对人体健康和大气环境质量的影响更大。细颗粒物的化学成分主要包括有机碳（OC）、元素碳（EC）、硝酸盐、硫酸盐、铵盐、钠盐（Na^+）等。PM2.5的年平均浓度反映了一个地区绿色创新的非期望产出，由图26可知，2019年湖南14个城市PM2.5年平均浓度由高到低的排名为：益阳、常德、长沙、株洲、岳阳、衡阳、娄底、湘潭、邵阳、永州、张家界、郴州、怀化、湘西。

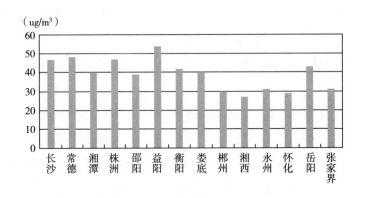

图26 湖南14个城市PM2.5年平均浓度

根据以上分析可以发现，除长沙体量较大之外，全省"三废"排放量位于前列的城市多为老牌工业城市，这说明这些城市在工业技术绿色创新方面还需做出更大的努力，为湖南的"三高四新"战略做出具体行动。

一般工业固体废物是指在工业生产过程中产生的不具有危险特性的固体废弃物，主要有：服装制衣、制鞋及鞋材加工厂产生的布碎、皮革边角料、海绵边料；注塑厂产生的废塑料；五金厂产生的废金属；还有废纸屑、废胶纸、废木屑以及其他不可回收的废弃物。一般工业固体废物不包括危险废物。法律法规规定，一般工业固体废物必须要与生活垃圾、危险废物分类处置。一般工业固体废物处置实行"谁产生、谁治理，谁产生、谁付费"的原则，一般工业固体废物产生单位承担处置的责任，产生单位须落实分类存放、建立台账、减少生产、无害处理和申报登记等"五个要求"。国家鼓励对一般工业固体废物实行充分回收和利用。因此，一般工业固体废物的综合利用率可以反映一个地区绿色创新的能力。由图27可知，全省一般工业固体废物综合利用率由高到低的排名为：常德、张家界、永州、湘西、怀化、益阳、娄底、株洲、长沙、湘潭、邵阳、衡阳、岳阳、郴州，其中常德和张家界以99%的利用率并列第一。

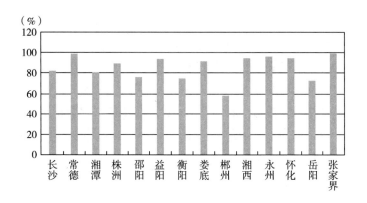

图27　湖南14个城市一般工业固体废物综合利用率

市辖区绿地面积反映了一个地区城市绿地规划的能力，是衡量绿色创新的一个重要方面。城市绿地规划是城市总体规划的一个重要组成部分，合理安排绿地是城市总体规划中不可缺少的内容之一，是指导城市绿地详细规划和建设管理的依据。城市绿地是城市用地中的一个有机组成部分，它与工业生产、人民生活、城市建筑与道路建设、地上地下管线的布置密切相关。由于城市人口密集、工业生产集中，对自然生态平衡系统的结构与机能产生严重的破坏作用。城市绿地具有改善城市生态环境、休憩及文教、美化景观和防灾避灾等功能，为了改善城市环境，应该把城市生态系统中的重要组成部分——绿地放在突出地位。从图28的结果来看，2019年全省市辖区绿地面积由高到低的排名为：长沙、株洲、岳阳、衡阳、湘潭、常德、郴州、益阳、邵阳、永州、怀化、娄底、湘西、张家界。

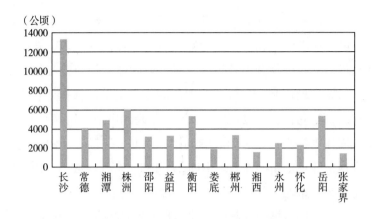

图 28　湖南 14 个城市市辖区绿地面积

建成区绿化覆盖面积是指在城镇中，属于城市建成区内的常年植被覆盖地面，但不包括建筑物顶层补种的植被。通常连续超过 10 米 × 10 米才统计在内，所以盆中植物也不算；道路两旁的绿化带是主要统计对象；此外还有广场、公司及厂区内、居民小区内等都是主要关注的。由图 29 可知，2019 年全省建成区绿化覆盖率由高到低的排名为：郴州、常德、株洲、岳阳、邵阳、衡阳、湘潭、长沙、娄底、张家界、益阳、湘西、怀化、永州。

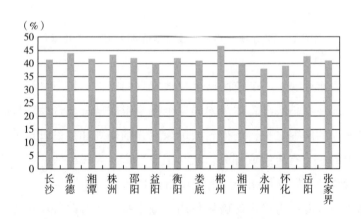

图 29　湖南 14 个城市建成区绿化覆盖率

人均地区生产总值可以作为衡量一个地区绿色创新期望产出的重要指标。由图 30 可知，2019 年湖南 14 个城市人均地区生产总值由高到低的排名为：长沙、湘潭、株洲、岳阳、常德、郴州、衡阳、娄底、益阳、永州、张家界、湘西、怀化、邵阳。

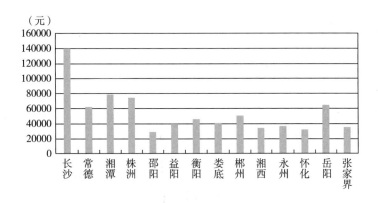

图30　湖南14个城市人均地区生产总值

一个地区的生活垃圾无害化处理率能够反映其绿色创新的能力。根据图31可以发现，长沙、湘潭、株洲、郴州、常德、娄底、益阳、永州、张家界、湘西和怀化11个城市都达到了生活垃圾100%无害化处理，衡阳、邵阳几乎达到完全无害化处理，排名最末的岳阳生活垃圾无害化处理率也达到了97.51%，这说明湖南生活垃圾无害化处理水平较高。

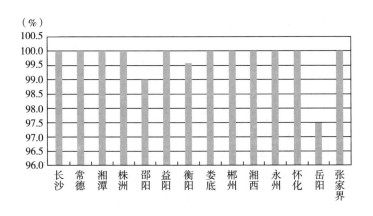

图31　湖南14个城市生活垃圾无害化处理率

公共汽车，指在城市道路上循固定路线，有或者无固定班次时刻，承载旅客出行的机动车辆。市内公共汽车时速一般在20~30千米，不会超过40千米。伴随城市化和机动化的发展，城市人口和地域不断增加，对公共交通的需求相应快速增长，要求公共交通企业投入更多的客车。每万人拥有公共汽车数量可以反映一个地区人民的生活水平，能够作为衡量一个地区绿色创新非期望产出的指标。由图32可知，全省每万人拥有公共汽车数量由高到低的排名为：长沙、湘潭、株洲、益阳、郴州、张家界、衡阳、岳阳、常德、永州、娄底、邵阳、怀化、湘西。

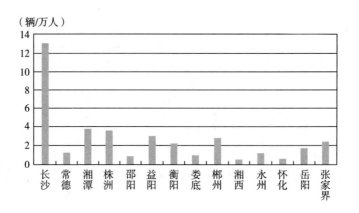

图32　湖南14个城市每万人拥有公共汽车数

根据图33可知，2019年湖南14个城市"新三板"上市公司数量由高到低的排名为：长沙、张家界、岳阳、常德、湘潭、益阳、衡阳、邵阳、怀化、湘西、娄底、郴州、永州、株洲。

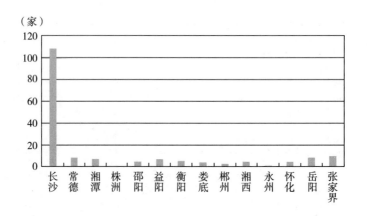

图33　湖南14个城市"新三板"上市公司数量

SCI收录全世界出版的数、理、化、农、林、医、生命科学、天文、地理、环境、材料、工程技术等自然科学各学科的核心期刊约3500种。EI在全球的学术界、工程界、信息界中享有盛誉，是科技界共同认可的重要检索工具。SCI和EI工程发文量能够体现一个地区绿色创新的水平，由图34可知，2019年全省SCI和EI工程发文量由高到低的排名为：长沙、湘潭、株洲、衡阳、常德、岳阳、益阳、湘西、娄底、永州、怀化、郴州、张家界、邵阳。除长沙作为省会一马当先之外，湘潭的SCI和EI工程发文量远超其他城市，表现突出，这得益于湘潭丰富的高等教育资源，也与前文高等学校数量排名相吻合。

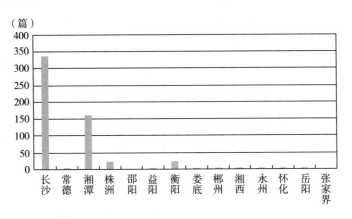

图34　湖南14个城市SCI和EI工程发文量

五、政策建议

综上所述，本文得出如下结论：

（1）2019年全国绿色创新综合得分排名前五的省份分别是广东、北京、江苏、上海、浙江，都处于东部地区；湖南在31个省份中排名第9。与2018年绿色创新综合得分相比，全国前三位的省份并未发生改变，北京由2018年的第三位上升为第二位，江苏下降一位，位于第三。上海由原来的第六位上升至第四位，浙江下降一位成为第五位。

（2）2019年在全国119个重点城市中，绿色创新综合得分排名前五的城市分别是北京、深圳、广州、杭州、上海。其中，"北上深广"作为传统的一线城市继续领跑全国119个重点城市，杭州的绿色创新超过上海，位居第四。而南京、珠海、佛山、合肥、成都则依次成为"中国最具绿色创新力城市"前10位。此外，长沙、湘潭、株洲、郴州、衡阳、岳阳在119个重点城市中分别排名第24、第64、第73、第74、第97、第107。

（3）规模以上工业企业R&D项目数、R&D外部经费支出额、规模以上工业企业新产品开发经费支出额、高新技术产业消化吸收经费支出额、技术市场成交额、规模以上工业企业新产品销售收入、"新三板"上市公司数量7个指标是影响省级绿色创新综合得分的重要因素。

（4）财政科技投入占地方财政支出比重、财政教育投入占地方财政支出比重、人均地区生产总值、市辖区绿地面积、建成区绿化覆盖率、一般工业固体废物综合利用率、生活垃圾无害化处理率、工业废水排放量、工业氮氧化物排放量、工业二氧化硫排放量、工业烟尘排放量以及 PM 2.5 年平均浓度 12 个指标是影响重点城市绿色创新综合得分的重要因素。

（5）2019 年湖南在全国 31 个省份绿色创新综合排名中位列第 9，相较于上年排名提升一位，在 37 项绿色创新指标中有 33 项排名位于全国前 15。此外，在湖南 14 个城市中，2019 年绿色创新综合得分排名前三的城市分别是长沙、湘潭和株洲；排名后三位的分别是邵阳、湘西和娄底；排名中间的城市（第 4 位到第 11 位）分别是郴州、衡阳、岳阳、永州、常德、益阳怀化和张家界。

在前文分析、研究的基础上，紧紧抓住影响城市绿色创新的关键因素，提出可提升城市绿色创新的对策建议：

第一，优化绿色创新投入结构，构建绿色创新发展新高地。对于位于绿色创新第一梯队的城市（北京、深圳、广州、上海等）来说，其绿色创新的提升应注重构建绿色生态产业体系，抢占绿色创新制高点，优化绿色创新投入结构。首先，应该利用优势资源使传统产业改造升级。由于这类城市属于中国经济最发达的区域，绿色创新资源丰富，绿色技术水平先进。因此，对这类城市来说，应利用省域内各种优势资源对区域内其他传统产业进行改造升级，使传统产业升级换代，培养竞争优势，带动其他绿色产业健康发展，最终构建完善的绿色生态体系。其次，应加大对高层次人才的扶持。由于人力资本是绿色创新活动开展的重要动力，这类城市要保障创新型人才的稳定性，避免因人才流失给绿色创新绩效带来消极影响。因此，这类城市应注重人才激励，一方面要加大高等院校、研究机构的人才培养支持力度，培养创新型人才；另一方面要完善用人制度，实行高端人才引进政策，充分发挥人力资本对绿色创新发展的驱动作用。

第二，优化绿色创新环境，催生绿色创新成果转化。对于以传统重工业为主的城市（哈尔滨、鞍山、包头等）来说，其绿色创新的提升应完善支持绿色创新环境，优化绿色经济发展模式，催生绿色创新成果转化。其一，应当聚焦重点领域绿色技术创新。粗放型经济发展模式所秉承的"先污染，后治理"发展理念与绿色创新发展理念背道而驰，所以这类城市应首先引入绿色创新技术，攻克技术难题，优化其经济发展模式。其二，应当强化工业企业绿色创新能力。由于这类城市产业结构的特殊性，工业企业的绿色创新能力对绿色创新绩效的影响尤为重要。该类城市应加强工业企业这一绿色创新主体对绿色创新活动开展的角色作用，鼓励企业采取节能环保的方式进行生产，同时加大环境污染的治理力度，降低环境污染水平。其三，应当完善绿色创新政策。为深入贯彻绿色发展的积极理念，政府要发挥积极的引导作用，尤其要将绿色发展纳入制度和产业保障制度建设中。鼓励和监督企业加强绿色创新理念意识，建立环境准入制度和产业准入门槛，促使企业向绿色可持续发展方向不断前行，为经济发展效益带来绿色服务。

第三，加强绿色创新基础设施建设，提升绿色创新研发保障。对于乌鲁木齐、昆明、贵阳、南宁及呼和浩特等绿色创新基础较为薄弱的城市而言，其绿色创新的提升应加强绿色创新基础设施建设，保证创新资源整合顺畅，提升绿色创新研发保障。首先，应加强创新基础设施和创新载体的建设。经济发展较为落后的地区创新资源也相对匮乏，尤其缺少创新基础设施的建设。建立整合创新资源的硬件设施（包括区域交通运输条件、信息网络建设等）将为创新资源的顺畅整合提供"硬条件"。其次，加强与外部先进技术的交流合作将提升绿色创新的"软实力"。加强与外部先进技术的交流合作有助于这类城市快速推动绿色创新发展，将外部经济发达城市的产业、技术和人才引入进来，或与外部先进的绿色创新主体开展项目，吸收先进的绿色创新发展模式将有效提升绿色创新效率。

参考文献

［1］ Reid A. , Miedzinski M. Eco – innovation：Final Report for Sectoral Innovation Watch ［R］. Systematic Eco – Innovation Report，2008：4.

［2］ Schiederig T. , Herstatt C . Shareconomy：Performance – oriented Systems as a Strategy ［R］. Working Papers，2014.

［3］ Suki N. M. , Suki N. M. , Afshan S. , et al. The Paradigms of Technological Innovation and Renewables as a Panacea for Sustainable Development：A Pathway of Going Green ［J］. Renewable Energy，2022（181）：1431 – 1439.

［4］ Waqas M. , Honggang X. , Ahmad N. , et al. Big Data Analytics as a Roadmap Towards Green Innovation，Competitive Advantage and Environmental Performance ［J］. Journal of Cleaner Production，2021（323）：128998.

［5］ 毕克新，付珊娜，田莹莹. 低碳背景下我国制造业绿色创新系统演化过程：创新系统功能视角 ［J］. 科技进步与对策，2016，33（19）：61 – 68.

［6］ 曹慧，石宝峰，赵凯. 我国省级绿色创新能力评价及实证 ［J］. 管理学报，2016，13（8）：1215 – 1222.

［7］ 冯志军，明倩. 制造业绿色创新系统的协调发展：基于二象对偶理论视角 ［J］. 产经评论，2020，11（4）：149 – 160.

［8］ 付帼，卢小丽，武春友. 中国省域绿色创新空间格局演化研究 ［J］. 中国软科学，2016（7）：89 – 99.

［9］葛鹏飞，黄秀路，徐璋勇．金融发展、创新异质性与绿色全要素生产率提升——来自"一带一路"的经验证据［J］．财经科学，2018（1）：1－14.

［10］韩晶．中国区域绿色创新效率研究［J］．财经问题研究，2012（11）：130－137.

［11］湖南创新发展研究院．2019湖南创新发展研究院智库研究报告——创新引领高质量发展［M］．北京：经济管理出版社，2020.

［12］湖南创新发展研究院．2020湖南创新发展研究院智库研究报告——"创新型省份"建设与湖南"十四五"创新发展［M］．北京：经济管理出版社，2021.

［13］华振．我国绿色创新能力评价及其影响因素的实证分析——基于DEA－Malmquist生产率指数分析法［J］．技术经济，2011，30（9）：36－41＋69.

［14］李广培，张梦倩，李艳歌，蔡乌赶．中国省域绿色创新效率、生态效率与经济增长质量耦合研究［J］．生态经济，2021，37（10）：46－52.

［15］李晓阳，赵宏磊，林恬竹．中国工业的绿色创新效率［J］．首都经济贸易大学学报，2018，20（3）：41－49.

［16］李旭．绿色创新相关研究的梳理与展望［J］．研究与发展管理，2015，27（2）：1－11.

［17］吕岩威，谢雁翔，楼贤骏．中国区域绿色创新效率时空跃迁及收敛趋势研究［J］．数量经济技术经济研究，2020，37（5）：78－97.

［18］彭甲超，许荣荣，付丽娜，易明，许耀东．长江经济带工业企业绿色创新效率的演变规律［J］．中国环境科学，2019，39（11）：4886－4900.

［19］彭文斌，程芳芳，路江林．环境规制对省域绿色创新效率的门槛效应研究［J］．南方经济，2017（9）：73－84.

［20］钱丽，王文平，肖仁桥．技术异质下中国企业绿色创新效率及损失来源分析［J/OL］．科研管理，（2021－1－16）［2022－03－07］．http：//kns.cnki.net/kcms/detail/11.1567.G3.20211011.1502.010.html.

［21］王彩明，李健．中国区域绿色创新绩效评价及其时空差异分析——基于2005—2015年的省际工业企业面板数据［J］．科研管理，2019，40（6）：29－42.

［22］肖仁桥，丁娟，钱丽．绿色创新绩效评价研究述评［J］．贵州财经大学学报，2017（2）：100－110.

［23］徐建中，贯君，林艳．制度压力、高管环保意识与企业绿色创新实践——基于新制度主义理论和高阶理论视角［J］．管理评论，2017，29（9）：72－83.

［24］杨树旺，吴婷，李梓博．长江经济带绿色创新效率的时空分异及影响因素研究［J］．宏观经济研究，2018（6）：107－117＋132.

［25］张峰，任仕佳，殷秀清．高技术产业绿色技术创新效率及其规模质量门槛效应［J］．科技进步与对策，2020，37（7）：59－68.

［26］中国科学院地理科学与资源研究所．中国创新型城市发展报告［M］．北京：科学出版社，2013.

熊彼特创新思想与新发展格局构建

内容提要： 当前国际政治、经济局势风云突变，挑战与机遇并存，需要从战略层面进行合理应对，党中央基于当前形势，以及我国所处的新发展阶段、新环境、新历史任务做出重大战略决策，提出要加快构建新发展格局。本文基于熊彼特创新思想理论，结合时下我国构建新发展格局的战略部署，分析创新对构建新发展格局的作用机理，并尝试解释创新对构建新发展格局的重要性。在此基础上对构建新发展格局中亟待解决的问题进行逐一分析，最后提出有针对性的对策建议。

关键词： 新发展格局；创新；熊彼特理论

核心观点：

（1）熊彼特提出创新的五种新组合：①采用一种新产品；②采用一种新的生产方式；③开辟一个新市场；④掠取或控制原材料供应来源；⑤实现一种新组织。本文基于熊彼特创新思想对新发展格局的构建进行研究，这些新组合分别对应的是产品创新、技术创新、市场创新、原材料创新、组织创新，而五种创新的实现将会更好地构建起新发展格局。

（2）当前在构建国内大循环中存在缺乏创新型企业家、创新型企业金融支持不足、国有企业创新动力及能力没有充分发挥、居民消费升级有障碍、高等教育体系与国家发展需求不符合等问题；国际循环中也存在着对非洲地区的投资面临不稳定风险、RCEP（区域全面经济伙伴关系协定）生效后面临的挑战、美元霸权对我国发展带来的危害等困境，这些难题亟待突破。

（3）为顺利构建国内大循环，建议实施校企政联合培育创新型企业家战略，从财政和金融两方面发力来保障企业的资金支持，通过引导管理者思想"升级"、优化激励机制、健全容错机制等手段激发国有企业创新动力，助力国内消费升级，优化高等教育体系、升级职业教育等。为保证国际循环，建议帮助非洲地区维持市场稳定、维护 RCEP 持续向好发展、把握机遇加快人民币国际化进程、以数字货币为工具对美元实现弯道超车。

一、引言

2020 年初新冠肺炎疫情暴发，国际政治、经济局势风云突变，中国在发展过程中挑战与机遇并存。一方面，逆全球化的产生与贸易保护主义的崛起，使国际市场萎缩、国际循环不畅、人口红利逐渐消失；另一方面，低端产业链的转移、高精尖技术仍未突破，创新型企业家寥寥无几，使国内生产力和消费升级受阻。但一大波机遇也在不断涌现，如 RCEP（区域全面经济伙伴关系协定）的签订、"一带一路"的进一步推进、部分顶尖科创企业的逆流而上、内需市场有巨大潜力有待挖掘等。面对当前出现的诸多问题，中国需要把握机遇从战略层面进行合理应对。为此，以习近平同志为核心的党中央基于当前形势，以及我国所处的新发展阶段、新环境、新历史任务做出重大战略决策，提出要加快构建新发展格局。

强国经济不应长期依靠国际循环，否则当国际局势产生任何变化时易对本国经济产生巨大冲击。因此，建设社会主义强国必须依靠内循环夯实经济基础，建立完备的产业链、供应链，提升本国核心竞争力，同时积极拥抱国际市场，融入国际大循环。构建新发展格局意味着在转向以国内大循环为主的同时更好地利用国际循环，最终形成国内、国际双循环相互促进的战略布局。而在新发展格局中，创新驱动是根本保障，其中包括思维的创新、循环机制的创新、科技创新、制度创新、政策创新、高等教育的创新等。

在创新理论方面，诞生于 1912 年的熊彼得创新理论对后世影响深远，它突破了西方传统经济学局限，不仅运用考察人口、资本、工资、利润、地租等手段来认知经济的发展，还通过分析技术进步及制度变革在提高生产力过程中的作用来揭示和强调创新活动能够引起生产力变动，从而推动着经济和社会发展。熊彼特在研究中指出创新是建立一种全新的生产函数，是在生产体系中引入生产要素和生产条件的"新组合"。随着经济社会的不断发展，以及世界格局不断产生的变化，创新理念的内容被后来的学者们进行了拓展和延伸。

Lieberman（1988）认为，创新领先者相对要承担更大的风险，因为他们不仅面临着技术和市场方面的不确定性，而且在取得创新成果后容易产生停滞不前的惰性。韩金起（2021）也指出，创新并不是一项单独的事业，或者说它并不仅仅表现为技术创新或者制度创新，创新必须植根于现代性的维度。这意味着在贯彻实施"创新驱动发展战略"和推动中国的现代化建设的过程中，不能仅仅停留在创新的技术细节部分，而是要立足于现代性的维度，尤其是中国自身的现代性问题。万广华等（2020）指出，中国从全球化的进程中受益良多，但由于其高度依赖国际贸易和投资"高储蓄、高投资、高出口"之"三高"的发展模式，所以非常容易受到国际局势的冲击，改变这种旧发展模式迫在眉睫。高惺惟（2021）对国际、国内两个循环进行了深入分析，从国内角度来看，双循环新发展格局有利于推动我国产业链升级，发挥好我国超大规模的内需市场优势；从国际角度看，面对"逆全球化"、单边主义、保护主义等思潮，需要我国对循环体系进行再部署、再调整。李震等（2021）进一步指出，双循环相互促进的演进逻辑在于：以双循环相互促进的理论机制为指导，以扩大内需为战略基点，以落实创新驱动发展战略为重点，以培育壮大国内跨国公司为重要着力点，以"一带一路"建设为纽带等多方位协同推进；在供需两端同步开启"内循环"的自我强化，通过畅通国内大循环重新调整和部署外循环，提升外循环的空间、质量和安全性；当前中国具备实现上述逻辑体系的现实基础和可观潜力，疏通逻辑体系中关键节点的过程将是中国实现双循环相互促进的质变之途。

从创新的实现过程来看，周大鹏（2020）认为，科技研发的主要作用是生产出新知识，科研管理的主要作用是判断市场潜在需求，将研发成果与市场需求相匹配，将新知识转化为有商业价值的经济知识；然而，中国高校和专业研究机构的研究成果供给和市场需求仍然存在不匹配的问题，专利商业化的比例有待提高。技术创新经济学发源于熊彼特的创新理论，是把熊彼特的创新理论和研究方法同新古典学派的经济理论即微观经济理论结合起来，用于技术创新的研究。

因此，本文对熊彼特创新思想进行了逻辑梳理，并运用熊彼特创新思想阐述创新对构建新发展格局的作用机理。在言明创新重要意义的同时，进一步运用其思想分析构建新发展格局中需要创新的领域，并对现有问题提出有效对策建议。

二、熊彼特关于创新的主要思想

（一）熊彼特创新思想的演进

1912 年，熊彼特在《经济发展理论》一书中首次提出了创新理论，但恰逢各国将凯恩斯主义奉为圭臬，又受限于当时技术条件的落后，熊彼特的理论没有引起足够重视。

1932年，熊彼特远赴美国在哈佛大学任教，此后于1939年出版了《经济周期》、1942年出版了《资本主义、社会主义与民主》，通过这两本著作对创新理论做了补充说明，形成了一套不同于当时主流的以创新为核心的经济学理论体系。熊彼特坚决反对凯恩斯主义只重视短期效益的理论，认为创新是推动经济长期发展的推手。

20世纪50年代后，以微电子技术为核心的各领域技术的进步带来了第三次技术革命，技术层面飞跃式的提升推动了经济社会的高速发展，让创新理论逐渐被经济学界重视起来。熊彼特主义枯木逢春，新熊彼特主义也在同一时期横空出世。新熊彼特主义以创新理论为基础，分为技术创新与制度创新两个分支，以门施等为代表的技术创新派更多沿袭熊彼特的思想，而以弗里曼等为代表的制度创新是对熊彼特思想的发展，两个分支的融合才能形成更好的创新理论（见图1）。

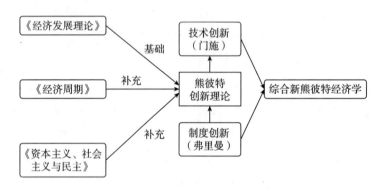

图1 熊彼特创新思想的演进

20世纪80年代，各工业强国经济一落千丈，东亚却在这一时期有着强劲表现，弗里曼于1987年使用"国家创新系统"对日本经济繁荣做出了解释。经济学界开始对国家、政府创新的作用进行研究，这是熊彼特忽视了的一部分。在这一时期，技术创新开始走向国家制度层面的创新。2006年，门施和汉卡主张新熊彼特学派应向协同演化方面推进，综合新熊彼特经济学就此产生。

随着世界经济从工业经济向知识经济的转移，经济增长理论和创新理论研究取得了新进展，逐渐形成了国家知识创新系统，强调知识创新和新知识高效应用。

（二）熊彼特创新思想的主要内容

1. 以实现"新组合"定义"创新"

熊彼特是第一个系统地提出"创新"这一概念的人，他指出创新就是"把一种从来没有过的生产要素和生产条件实行新的组合，从而建立一种新的生产函数"。新组合包括以下五种情况：①采用一种新产品；②采用一种新的生产方法；③开辟一个新市场；④掠取或控制原材料供应来源；⑤实现一种新组织。他非常重视生产技术和生产方式的革新，由于实现一种新组合是对原有结构的破坏，因此熊彼特把创新称为"创造性破坏"。

2. 指出企业家对创新的重要作用

熊彼特重新定义了企业家，他称能够实际执行实现新组合职能的人就是"企业家"，企业家是创新、经济发展的主要组织者和推动者；企业家的本质是创新，而"企业精神"是创新的基本动力，一个企业的成功与否取决于企业家的素质，诚信是企业家实现创新的经济条件。他指出受制于思维习惯，大多数人只愿意在所熟悉的领域活动，社会环境也让人们做出不同于惯例的事情之后往往会受到社会成员的一致反对。因此，创新是艰难的，具有较大未知风险。但创新往往附带巨额利润，企业家通常基于建立一个私人商业帝国的梦想、追逐利益最大化的欲望、创造带来的快乐等目的打破常规，故而成为创新的主体。

3. 以创新解释经济周期

1939 年熊彼特在《经济周期》中创造性地运用创新解释了经济周期的出现。他认为经济萧条的原因是创新（新组合的出现），创新是创造性的破坏，对原有经济结构必然会带来冲击，冲击来临时整个社会重新适应新组合；当社会完全适应当次创新活动之后，就完全吸收了创新成果，带来经济社会的繁荣；当模仿者出现，垄断被打破，会使率先实现创新的市场主体的利润不断收窄，创新浪潮消退；当模仿创新成果的内在逻辑已经众人皆知的时候，经济将出现明显衰退。新一轮创新会再度打破平衡，在度过适应期的萧条后，将再次刺激经济增长（见图 2）。因此，只有不断创新，才能保证经济持续增长。

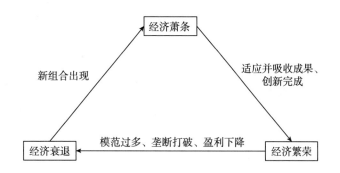

图 2　创新与经济周期的内在联系

（三）熊彼特创新思想的内在逻辑

经济增长与经济发展并不等同，经济发展是创造性破坏之后的推动，经济增长是经济发展的阶段性外在表现。创新的发生源于两方面：一是社会本身存在的潜在利益。创新的目的就是获取创新收益，当有企业家发现能获得这份巨大收益的方法时，企业家就会通过自身信用使用信贷融资、投资等手段推动五类新组合情形之一的产生获取创新带来的巨额利润。二是企业家精神。企业家拥有建立私人商业帝国等精神，较之于普通人而言，发现机会时，企业家才是更可能执行新组合的一类人（见图3）。

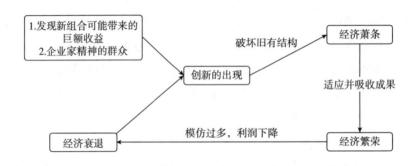

图3　熊彼特创新思想的内在逻辑

三、创新对构建新发展格局的作用机理

（一）经济周期理论决定了创新的被需要

熊彼特认为，将成功的创新进行应用是一件至关重要的事，因为"创新是第一推进剂"，实施"创新"的新企业会使旧企业以及产业结构都发生变化。在熊彼特的分析中，创新是经济周期产生的根本原因。经济周期过程中，创新的先行者将会提前获得创新利润、前期垄断利润，而后模仿的诸多落后者，只能分到极小的一部分利润。另外，分析历史上每一次技术革命发现，技术的飞跃式革新为现行国家创造了巨大的竞争优势。在时下数字经济飞速发展，制造业、服务业生产方式不断创新，带动经济可持续健康发展的情况下，更应该坚持创新。抓住机遇，在不足的领域补足短板；锻造长板，在领先的方面扩大优势。创新就企业而言至关重要，就国家而言更是不言而喻。

综上所述，在新发展格局的构建中，要以创新为根本动力，时刻把握历史机遇。

（二）熊彼特增长模型以数学方式证明创新的重要性

阿吉翁和豪伊特继承和发展了熊彼特经济学，他们以创造性破坏为理论基础，将其模型化，使经济发展理论得以进一步完善。这一模型关注垂直方向的质量改进创新，通过最终生产函数、中间品产量的决定、研发投入的决定、稳态分析、效率分析五个函数把创新与经济增长关联了起来，成功将理论数学模型化，为创造性破坏理论提供实证分析这一强有力的支撑。熊彼特增长模型为式（1）：

$$Y(t) = \frac{1}{1-\beta} \left(\int_0^1 q(v,\ t)^\beta x(v,\ t\,|\,q)^{1-\beta} \mathrm{d}v \right) L^\beta \tag{1}$$

式（1）中，$x(v,\ t\,|\,q)$ 是质量为 q、种类为 v 的机器数量，对机器的度量再次标准化为 1。证明了质量的提升是经济增长的动力，而质量的提升源于现有企业的创新和新企业的创造性破坏。

$$Y(T) = \frac{1}{1-\beta} Q(t)L,\ Q(t) = \int_0^1 q(v,\ t)\mathrm{d}v \tag{2}$$

式（2）表明了作为创新成果的机器的总质量水平决定了劳动生产率。总的来看，熊彼特增长模型表明基于生产厂商利润最大化引致的技术进步带来了持续性的经济增长，研发投入与创新成功率呈正相关，少数成功创新的企业将会推动经济发展，利用模型揭示了一个国家适当性的经济政策将促进经济增长的事实。对正在构建新发展格局的我国而言，熊彼特增长模型通过实证证明了研发、创新等因素与经济增长的正相关关系，继续对各项陈旧事物、机制进行创新，对构建新发展格局百利而无一害。

（三）五种新组合均有利于构建新发展格局

熊彼特提出的五种新组合情况：①采用一种新产品；②采用一种新的生产方法；③开辟一个新市场；④掠取或控制原材料供应来源；⑤实现一种新组织。分别对应的是产品创新、技术创新、市场创新、原材料创新、组织创新。产品创新能获得更大的产品优势，更好地满足人民群众的美好生活需要，挖掘内需潜力，刺激消费市场，激发国内大循环；技术创新对准科技前沿，突破关键核心技术，打破科技封锁，构建完整产业链、供应链，畅通国际循环；市场创新即开发新的国际市场，同时激活国内大市场，避免了部分发达国家贸易保护带来的影响，保障国内国际双循环相互促进，更有利于发展大国经济；原材料创新、新能源行业的发展会减小对石油的依赖，与非洲、中东、南亚的进一步合作，将为我国提供更为稳定的原材料供应，获得重要的战略资源；组织创新不仅限于改善各社会主体的组织、管理方式，营造良好创新氛围，也可以延伸到改善地区发展关系、构建稳定发展局势等方面。综上所述，构建新发展格局需要囊括上述五种情况的创新，五种创新的实现将会更好地构建起新发展格局。

（四）企业家的培养将助力双循环格局融通

柳卸林（2017）指出创新驱动发展体系在微观基础上应当确立企业作为创新驱动发展的主体，重视企业家及创业的重要作用。创新型企业家的成功，会带动整个行业的发展，在某一领域占据巨大市场份额，获取创新利润，满足人民群众的生活需要，刺激国内市场的同时也拓宽了国际市场，为新发展格局的构建拓宽路径。企业家执行新组合的成功为国内、国际两个市场的占领添砖加瓦，在自身产品输出的同时赚取了海外市场利益；新组合的出现必然会需要某种特定的生产要素，需求的提高将使企业在国际市场中寻求原材料或半成品；在满足国内、国际需求的同时促进了国内国际循环的流通。因此，要为培育更多、更优质的企业家营造良好社会氛围，激发群众的创新欲望与动力。鼓励各行各业的创业者不断创新，完善市场机制，规避完全垄断的出现，健全专利保护机制，让创新企业得到应有的利润，让企业家得到应有的社会尊重。

四、从创新的视角分析构建新发展格局中存在的问题

（一）国内大循环中存在的问题

1. 缺乏创新型企业家

在熊彼特的《经济发展理论》中，企业家的本质是经济创新发展的主要组织者和推动者。自1980年改革开放以来，过去40余年间，我国经济有很长的历史时期处于不均衡状态。除互联网行业外，其他行业很少有利用创新来获取利润的，以至于40年来我国创新型企业家寥寥无几。从图4可以看出，全球最具创新力的公司中美国仍然遥遥领先，中国的创新公司数量与美国还存在较大差距。广为人知的只有华为、阿里巴巴、腾讯和以无人机著名的大疆公司。除此之外，似乎很难找到在所属领域处于世界领先地位的创新型企业和优质企业家。纵观当今形势，中国特色社会主义市场经济经历了长时期的高速发展，对外开放更高质量，创新成为了唯一途径，需要一批优秀的企业家来实现。

078

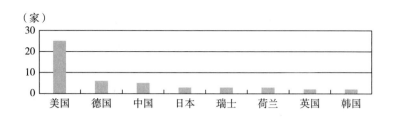

图4　2020年各国最具创新力的50家公司排名

2. 创新型企业金融支持不足

为避免"幸存者偏差"，本节提及的创新型企业不包括滴滴、美团等已依靠创新获取融资的企业。金融行业对我国实体创新企业的态度十分矛盾，一方面它们对创新型企业寄予厚望，希望能给自己带来暴利；另一方面则对其心有余悸，害怕周期太长或直接投资失败。总体而言，金融机构对创新型企业的融资放贷是偏向于保守的。对于创新型企业来说，资金缺口永远是其面临的最大问题。无法获得或无法及时获得资金，会直接导致大批创新型企业夭折。毫无疑问，站在整个国家与社会发展的角度来看，这会对社会资源造成严重的浪费。

3. 国有企业创新动力及能力没有充分发挥

国有企业由于其特有的优势和地位本应作为国内企业创新的主要领航者，在国内大循环、国内国际双循环的新发展格局的构建过程中继续发挥自己的独有优势，带好头、指好路。但当下，国有企业在科技方面的创新明显存在动力不足的问题。由图5可以看出，2020年中国企业发明授权专利中，排名前十的国企仅有国家电网、中国石油。国企创新能力与动力未能充分发挥，即使薄利多销的规模不断扩大，国有企业在世界五百强排名中一直稳步上升，却也无法掩饰在国际市场中产品附加值仍然过低这一事实。另外，在科创人才吸纳方面，近年来国有企业面临着来自民营企业的挑战。民营企业通过高薪吸引了大批人才，而国有企业则在人才引进方面处于窘境。

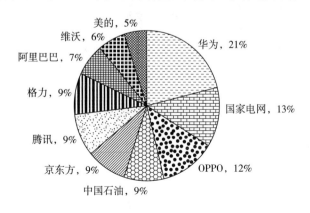

图5　前十企业专利占比

4. 居民消费升级有障碍

构建新发展格局首先要畅通国内大循环，进而加快构建国内国际双循环。构建国内大循环的首要任务就是扩大内需，形成更加强大的国内市场消化能力。王春燕（2020）通过实证研究分析，核心城市过高的居住和基础生活成本，对居民消费结构的升级具有明显的抑制效应。在城镇化不断推进的过程中，2020 年我国城镇人口占比为 60.6%，乡村人口占比为 39.4%，因此，我们可以把我国消费群体分为农村与城市两个不同的群体，单独分析每个群体的消费现状。

从图 6 与图 7 可以看出，城镇居民收入消费比低于农村，居于 20 个百分点左右，主要原因是不断暴涨的虚高房价引发了一系列社会问题。城市居民为了拥有一套属于自己的住所，不得不将收入的绝大部分用于储蓄，从而限制了消费。买房后也必须主动抑制、压缩自己当前及未来很长一段时间的消费。过高的房价与城市居民收入不匹配的问题对城市居民的消费产生了严重的抑制作用，不利于国内消费的升级，也制约了人民群众的美好生活需要。

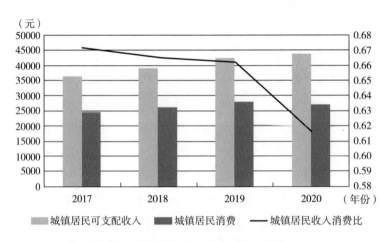

图 6　城镇居民可支配收入和居民消费比

对于农村人口而言，"脱贫攻坚战"消除了绝对贫困，让原先处于贫困线的农民解决了温饱问题。但不可否认的是，城乡收入差距还是很大，农业生产机械化、自动化、智能化、规模化的水平因受制于自然条件、沿袭几十年的小农观念、对相应技术的不了解而没有多大提高。从图 7 可以看出，农村居民收入消费比并不低，但农村居民消费的主要制约因素是收入的不高，导致农民消费层次也不高。

5. 高等教育体系与国家发展需求不符合

在新发展格局的构建中，创新驱动是根本保障，其中也包括了教育体系的创新。然而在固定的教育选拔机制下长期积累形成的观念意识使当前中高等教育体系与国家发

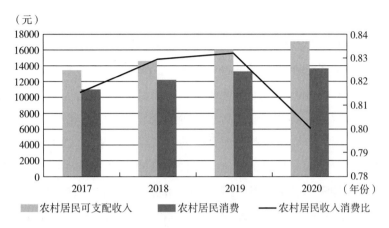

图7　农村居民可支配收入和居民消费比

展需要有所偏离。一方面，高等教育中商科领域所使用的教科书内容依旧沿袭西方经典理论知识，与日新月异的中国发展实际贴合不紧密，脱离实践，不利于培养学生的专业技能和思维。另一方面，职业教育存在低质化、混乱化、边缘化现象。以往的教育选拔机制下形成的社会导向使大众对就读职业院校产生偏见，导致没有家长愿意让子女进入职业学校接受教育。同时，职业院校的培养方式、管理上都存在一定问题，办学水平参差不齐，社会信任度较低。这使我国在人力资源需求最广的一部分职业始终存在一个不小的缺口，没能为工厂提供更多优质的技术工人，而当前我国走实业兴国道路最需要的是大量具备专业知识、技能过硬的专业技术人员。

（二）国际循环中的问题

1. 对非洲地区的对外直接投资面临不稳定风险

非洲地区自然资源丰富，人口众多，如若以稳定的速度发展起来，将会是一个巨大的市场，这可以看作五种新组合中的"开辟新市场""控制原材料的新供应"。近年来，我国对外投资额及存量都呈现总体上升趋势，尤其是对非洲大陆国家。但值得注意的是，非洲国家大多是发展中国家，其中又有很大一部分是第二次世界大战前后才摆脱殖民统治而独立建国的国家。由于长时间处于帝国主义的殖民统治，导致非洲多数国家政局、社会、经济发展的持续性极差。我国对这些国家的直接投资，多为风险较大的基础设施投资，被投资国家的动乱或国家领导权的交接都会对我国对外直接投资效益产生较大冲击。此外，非洲大陆部分国家国民综合素质、国家信用评级较低，各国企业在对非洲投资时都可能面临不能获得投资预期收益的可能性。

2. RCEP（区域全面经济伙伴关系协定）生效后面临的挑战

RCEP 的签订，也是在"开辟新市场"，带来产业模式的升级，还可能促进"新的生产方法"的产生。东盟与中、日、韩三国在世界经济中举足轻重，RCEP 的正式生效无疑会进一步加强东亚国家的凝聚力与认同感，进一步整合东亚经济一体化、推动东亚经济的快速发展及世界经济的复苏。但是，挑战同样存在。一方面关税的降低及贸易壁垒的消失对我国弱势产业市场的冲击增大。例如，日本、韩国在汽车工业以及部分高精尖技术领域对我国仍具有绝对优势，要素的自由流动会严重冲击我国一直薄弱且正有起色的汽车行业；澳大利亚、新西兰等国规模化、产业化的农产品同样对我国尤其是中西部地区因地形等自然环境而受限的小农经济产生巨大冲击。另一方面"二战"以来美国对日、韩两国的政治控制，中日和日韩间的领土问题，日韩贸易摩擦等潜在问题，以及以拜登为代表的民主党政府上台后的一系列对外政策的实施，使中、日、韩三国的关系存在诸多不稳定因素，这些都可能造成资本外流、社会矛盾、失业压力等多种问题。总而言之，RCEP的不稳定性会对中国及13个成员国的经济发展带来不确定性。

3. 美元霸权对我国发展带来的危害

"布雷顿森林体系"建立以后，美元占据世界货币霸权半个多世纪。而后美元虽受金融危机的影响，但仍然牢牢压制着欧元、日元、人民币等国际货币。"布雷顿森林体系"瓦解后，美联储根据美国需要无限超发货币，固定汇率有利于美国输出通货膨胀，从而加剧了世界性通货膨胀，对一众发展中国家进行经济掠夺。查华超（2014）从马克思货币论视角指出美国获取巨额美元国际铸币税收益，从我国攫取美元外汇通货膨胀税收益。再者，世界贸易及大宗商品的定价与结算又都是使用美元，各国汇率与美元挂钩，汇率的波动会对国际贸易造成的损失。而从本质上来说货币只是一种虚拟财富，对于出口导向型国家而言，无疑就是以劳动人民的辛苦劳动而换取美元这种虚拟的财富，甚至同时还不得不承担美元汇率变动产生的风险。想要优质地构建国际循环，就必须跳出美元的霸权控制。

五、政策建议

（一）为顺利构建国内大循环的建议

新冠肺炎疫情暴发后国际经济萎缩，中国的迅速崛起和在制度优势下率先恢复经济使中美差距不断以惊人的速度缩小，美国威逼利诱其盟友在芯片等高精尖行业对中国的技术封锁，进行区域小联盟的发展，使贸易保护主义与单边主义盛行。在此环境下，转为以国内大循环为主体的决策是正确的。想要构建国内大循环以支撑中国经济的可持续发展，就必须在目前存在问题的领域大刀阔斧地进行创新与变革，以创新驱动经济发展。

1. 培育创新型企业家

熊彼特指出"创新的三点困难，说明了领袖的职能和行为的性质，不管是短暂的还是相对持久的领导，其职能都不仅在于'找到'或'创造'新的可能性，而在于实际去'做这些事'"。在熊彼特看来，企业家应具备三个条件：眼光（能看到市场潜在的商业利润）、能力和胆略（敢承担经营风险）、经营能力（善于动员和组织社会资源）。因此，创新型企业家的培育，根本在于如何优化"培"和"育"。"培"是要优化创业环境和条件，帮助企业家孵化创新项目，建立创新型企业，并在政策上给予其较大的成长支持，对敢于创新但未能取得成功的企业家鼓励、支持再次创业，营造企业家创新的良性竞争氛围。"育"是要提升高校教育对学生商业头脑和实践能力的重视度，教学目标应明确将培养学生创新意识与能力作为重点之一，同时也可以由政府牵头，与企业合作，拟定着重培养学生创新意识、提升实践能力的联合培养方案，通过"企业导师专题授课＋模拟实训＋商业竞赛＋实习"等方式实现创新人才立体化培养模式，以满足有创新想法的"潜在企业家"的培养需求。

2. 保障创新型企业的资金支持

鲍莫尔（2006）通过构建关于创新的军备竞赛模型指出：如同军备竞赛一样，企业要想在市场竞争中不被淘汰，就必须维持足够的研发投入。对此，应对中小型创新企业提供资金支持。分为财政和金融两个方面。财政方面，对于中小型创新型企业，税务部门可以较之其他企业再适当给予减税降费、税收补贴的支持，减轻它们的资金压力。财政部、科技部、国家自然科学基金委员会等应对中小型创新企业提供创新资金。金融方面，商业银行要充分认识到创新型企业的特点，构建创新项目前景、市场价值、专利等多项评价标准的全方位的评价体系，为中小型创新企业拓宽融资渠道。成立风险投资基金，将态度由保守变为稳中求进，尽可能多地为中小型创新企业提供投资。科创版要完善上市准则，支持优质创新型企业上市，更有效地做到金融对实业的有力支持，引导闲置资金流入创新企业。

3. 激发国有企业创新动力

党的十八大做出了实施创新驱动发展战略的重大部署，强调科技创新是提高社会生产力和综合国力的战略支撑，必须摆在国家发展全局的核心位置。在相关领域引导企业实施价值链重组，聚焦聚力发展主业。国有企业具有举国优势，理应更好地做到创新驱动。面临新形势，国有企业必须改变固有观念，以创新为新导向，推动科技成果向商业化转化，为国家整体创新当好"排头兵"。第一，要对国有企业主要领导进行思想"升级"。传达并督促国有企业对中央关于国有企业创新要求的精神贯彻，组织国有企业领导干部研讨交流。第二，健全国有企业对科技创新人才的激励机制。设立多个科技创新奖项伴以奖金对取得创新成果的科研人员给予鼓励，同时也可以考虑股票分红等形式多措并举提高科研人才的积极性。第三，严防死守官本位思想。对于科技创新人才与行政管理人员要严格区别开来，科技创新人才就应该留在研发岗位上并对其做出的贡献给予不低于领导干部的回报。第四，建立健全容错机制。国有企业领导对于创新的保守思想大都来源于惧怕失败而随之产生杞人忧天的一系列所谓"后果"，建立健全容错机制就是要让"想干实事"的人免除后顾之忧，鼓励他们在科研方面"不怕犯错、敢于试错、勇于改错"。第五，加强与高校、研究所、潜在使用单位的沟通，加快科研成果向实物与商业化转化。总之，要多措并举激发国有企业创新动力。

4. 助力国内消费升级

对于城市人口而言：首先，国家应运用实际政策压制房价的不合理上涨。中国房地产现状是非一线城市乃至于小县城的房价都涨到了令人民群众难以承受的高度，高房价抑制了城市居民正常消费、透支了未来消费。要发展房地产租赁市场、二手房买卖市场、严格征收房地产税、研讨学区房问题的解决方案、坚持房住不炒的原则，引导房市资金流入其他产品的消费市场。其次，严格落实劳动法，保障人民群众有时间去消费。近年来，"996"的工作方式屡见不鲜，除了工作以外还有必须要完成的日常生活活动，大量挤压了人民生活时间，产生了"有钱没时间花"的现象。因此，须严格执行各项法律法规，严惩企业对员工正常工作时间以外的不合理压榨。

对于农村人口而言：第一，推进规模化、机械化农业生产，增加农村劳动力的闲暇。以个体户为主的中西部农民收入低、抗风险能力不强，虽然西部地区多以山地、高原地形为主，但在其中同样也有切割成小块的"小平原"地区，这是具备实施农业规模化与机械化条件的，而规模化与机械化带来的是收入的提高与人工劳作强度的减弱，对于促进农村消费有积极作用。第二，完善农村物流体系。继续完善基础设施建设、降低物流到村成本、加快实现物流"村村通"，从供给侧保证农村人口能够得到满意的消费品。第三，推动城乡生产要素均衡流动。加快实现城镇化建设，要注意到农村宅基地的使用权已经可由在外城镇子女继承，这是鼓励市民下乡、乡贤返乡，带动城市资本流入农村，进而以生态化为目标发展养老、生态旅游等农村第三产业，最终实现乡村振兴，实现农村人口消费升级。

5. 优化高等教育教学体系建设

一方面，加大政策支持，进一步优化专业教材自主化编纂机制。可在专业排名名列前茅的院系中评选出教研方面学科领军人物，组建教研委员会，由委员会领导各地各高校的学科带头人组建多级教材自主化编撰团队，建立完整的教材编撰体系。较之于已经出版百年以上的外国教科书而言，自主化知识更有利于培养符合我国发展所需要的人才，功在当代，利在千秋。

另一方面，全方位优化高等职业技术人员培养。首先，要把握国家政策，积极发展高等职业教育。各大职业院校应以职业需求为导向，以提升实践能力培养为重点，加强产学研合作，研究建立符合职业教育特点的教学考核制度和学位制度。其次，顺应时代需求，引导思想观念转变。在规范职业院校管理、提升人才培养质量的基础上，各级政府要加强职业教育政策的宣传，强调职业教育技术人员对我国实业发展的重要性，制定职业技术人才就业的激励政策，肯定这一类职业在过去实现工业化的道路上对社会发展所做出的贡献和未来智能化时期所能发挥的巨大作用，使其充分得到尊重，获得人民群众的信任，获得更多生源，可以更有效率地为国家输送高质量技术人才。

（二）为保证国际循环提出的建议

在西方国家开始贸易保护之后，我国在发达国家的国际市场将会降低。非洲与中国关系向来较好，RCEP中的东亚各国更是与我国同处儒家文化圈，新形势下，转而帮助非洲稳定发展，维护RCEP良性运行是上策。同时，面对美国的欺压，最好的破局方法就是建立新的世界秩序，推翻美元的金融霸权。

1. 维持非洲地区市场稳定

袁其刚等（2020）提出：要合理规避风险，创新投资模式；树立风险规避意识，合理选择投资区位；首选政治风险小、营商环境良好的地区，以此为中心圈向外逐渐扩散，通过与政府政策相互配合来规避风险，及时调整投资模式和企业战略目标。第一，以设立经济特区的方式输出国家治理能力。近年来，我国开始举办非洲各国高级干部研修班，为非洲培养大批现代化的管理干部，这确实对非洲各国的治理有帮助，但还远远不够。非洲普通民众认知改变才是最重要的。因此，可以考虑以合作的方式在非洲国家建立经济特区。某种程度上这类似于中国香港，但是并不侵犯非洲国家的主权。我国建设的经济特区很容易与特区外的本国发展有显而易见的区别，民众会期盼特区内的生活，官员也可以学习特区内干部的治理方式并应用于本国内。另外，经济特区的方式还可以为我国对非洲投资规避政局是否稳定的风险。第二，评估各国投资风险，有差别地对非洲各国进行投资。以国家信用评级、人口、需求量、恐怖主义指数、营商环境等指标为依据对非洲各国进行综合分析与评估，采取对高风险国家较少投资、低风险国家较多投资的方式，促进非洲经济发展。图8列出了非洲政治风险较低的经济体。第三，继续援助非洲基建。广袤的非洲大地人口众多、市场需求大，完善的基础设施可以促进当地经济发展，增加我国与援建各国的就业岗位，转移国内过剩产能。同时提高非洲人民收入水平，拓宽国际市场，为我国中低端产业链提供完美市场，也在当前水平下使非洲人民的生活需求得以部分满足。

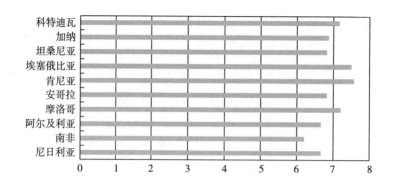

图 8　非洲部分国家政治风险指数

2. 维护 RCEP 持续向好发展

RCEP 能否顺利推进，关系到我国众多政治、经济层面的战略决策。新发展格局的顺利构建、破解美国的长期封锁与打压、"一带一路"推进的助力、亚洲—太平洋地区的政治稳定与自主、国内产业链的升级都与 RCEP 的发展息息相关。马涛（2021）指出 RCEP 的签署为中国构建新发展格局，加快中国与国际市场的贸易流通，提供了更加有利和畅通的国际环境与高水平规则制度。为顺利推动 RCEP 的顺利落地，应该做到：第一，加快国内产业链的优化升级。东部沿海地区已经丧失劳动力成本优势，要将低端制造业转移至西部地区或主动剥离至东南亚等劳动力成本低的国家与地区，主动实现产业升级。在一段时间内对农产品与汽车市场进行一定程度的保护，引导其顺利实现产业升级。第二，搁置争议，推动亚太经济一体化。亚太地区有中、日、韩三国，地缘政治相对稳定，经济总量与人口总量是其他地区无可比拟的。如若搁置领土争端与历史问题，举中、日、韩三国之力与东盟密切合作，亚太经济一体化可能会取得成效。这对区域内各国经济的发展和世界经济的复苏都是积极的。

3. 加快人民币国际化进程

2020 年中国政府举国抗击新冠肺炎疫情，为世界各国展示了中国特色社会主义制度优势和强大的国家治理能力，同时为各国抗疫提供物资、疫苗、抗疫工作组等援助，赢得了世界各国人民的信任和好评，为人民币国际化创造了机遇。沈悦等（2021）指出中国经济金融发展的良好环境是人民币国际化顺利推进的现实基础，随着国内外政治格局进一步演变，国内经济发展恢复正常，金融市场环境不断宽松，人民币国际化的步伐还会进一步加快。为此，必须抓住机会，加快人民币国际化进程。首先，要在 RCEP 区域内实现人民币亚洲化。与各国签订自由贸易协定后，将会更有利于人民币的跨境支付。其次，以"一带一路"建设为契机提高人民币的使用率。在"一带一路"中，我国扮演的角色是资金的供给方，因此，要在"一带一路"沿线国家尽量多地使用人民币结算。人民币的使用国家越多，各国政府就越信任人民币，在这一基础上保持人民币汇率的相对稳定，各国就会考虑将人民币当作本国外汇储备。最后，以数字货币为工具对美元实现弯道超车。黄国平（2021）指出要培育和构建数字人民币运营和发展生态环境，实现合作共赢发展格局；构建和完善基于数字人民币的新型数字化跨境支付体系，提升人民币国际化发展水平。数据资源是我国的优势，近些年在数字货币的探索中，我国也是领先全球。数字货币在国际结算中，将一改传统方式，极大提升国际结算的效率与安全性，为人民币国际化添砖加瓦，从而逐渐摆脱美元的钳制。

参考文献

［1］Schumpeter J. A. The Theory of Economic Development ［M］. Cambridge MA：Harvard University Press，1934.

［2］Schumpeter，J. A. Business Cycles：A Theoretical，Historical，and Statistical Analysis of the Capitalist Process ［M］. New York：McGraw – Hill，1939.

［3］鲍莫尔. 创新——经济增长的奇迹 ［M］. 北京：中信出版社，2006.

［4］查华超. 美元霸权对我国的危害探析——基于马克思货币论视角 ［J］. 重庆科技学院学报（社会科学版），2014（10）：47 – 49 + 58.

［5］高惺惟. 新发展格局的内涵理论基础和现实意义 ［J］. 理论视野，2021（3）：49 – 55.

［6］韩金起. 现代性视域下的熊彼特创新理论及其当代意义 ［J］. 沈阳大学学报（社会科学版），2021，23（2）：161 – 166.

［7］李震，昌忠泽，戴伟. 双循环相互促进：理论逻辑、战略重点与政策取向 ［J］. 上海经济研究，2021（4）：16 – 27.

［8］柳卸林，高雨辰，丁雪辰. 寻找创新驱动发展的新理论思维——基于新熊彼特增长理论的思考 ［J］. 管理世界，2017（12）：8 – 19.

［9］沈悦，李逸飞，郭一平. 后疫情时代人民币国际化的机遇、挑战及对策 ［J］. 西安交通大学学报（社会科学版），2021（4）：1 – 10.

［10］王蕾，曹希敬. 熊彼特之创新理论的发展演变 ［J］. 科技和产业，2012，12（6）：84 – 88.

［11］约瑟夫·熊彼特. 经济发展理论 ［M］. 北京：华夏出版社，2015.

［12］张凤，何传启. 国家创新系统—第二次现代化的发动机 ［M］. 北京：高等教育出版社，1999.

［13］中央宣传部，中央文献研究室，中国外文局. 习近平谈治国理政（第1卷）［M］. 北京：外文出版社，2014.

［14］周大鹏. 企业家精神与中国经济的熊彼特型增长转型 ［J］. 学术月刊，2020（7）：57 – 68.

中篇　绿色发展

新发展阶段乡村绿色全要素生产率增长路径与湖南对策研究*

内容提要：乡村绿色发展是实现城乡工农新型关系，推动社会生态可持续发展和乡村全面振兴战略的方向指引和必然选择。本文从绿色创新引领高质量发展视角出发，通过构建乡村绿色全要素生产率测算指标体系，量化分析湖南省绿色发展全要素生产率增长路径，并通过与中部六省和全国平均水平的比较分析，挖掘其发展比较优势和存在的短板。进而提出了在新发展阶段背景下，推动湖南乡村绿色创新发展的相关对策建议。

关键词：乡村绿色发展；绿色全要素生产率；Malmquist - Luenberger 指数

核心观点：

（1）从比较优势和短板分析发现：湖南乡村绿色发展水平在中部地区依然处于发展末端，但具有较大的增长潜力，需尽快对其发展模式进行革新，进一步提高要素利用水平、绿色技术创新水平和产业资源配置水平，最终实现集约式可持续发展。

（2）湖南乡村绿色全要素生产率增长路径体现为时段异质性，以 2012 年为分界线，2012 年前技术效率改进高于技术进步变化，增长表现为技术效率驱动；2012 年后技术效率改进低于技术进步变化，增长表现为技术进步驱动。长期来看，乡村技术进步的驱动潜力更大。

（3）针对乡村绿色创新发展过程中存在的主要问题，应加大绿色技术研发投入，加快绿色创新成果转化和推广，提高要素资源利用水平，加强区域间城乡技术创新交流与合作，并且立足于本土绿色创新发展优势，制定严格的绿色创新相关规制与发展政策。

＊ 本文为湖南省教育厅科学研究重点项目（19A158）、教育部人文社会科学研究规划基金项目（19YJA790124）的阶段性研究成果。

一、引言

　　绿色是乡村发展的底色，创新是乡村发展的原动力，绿色创新引领高质量发展是实现乡村振兴战略的必由之路。绿色创新发展的本质就是将乡村振兴、创新驱动和绿色发展置于同一经济发展框架之下，以高质量创新引领高质量发展，促进乡村地区绿色全要素生产率的可持续增长。绿色全要素生产率（GTFP）是在经济增长分析框架下，将环境污染等作为非期望产出，强调经济与环境协调发展的全要素生产率。不仅是对传统全要素生产率的深化和拓展，也是衡量经济绿色发展的新指标。为尽快实现我国乡村振兴的目标，必须充分发挥出绿色全要素生产率的引领和示范作用，以此来摆脱当前资源和环境的约束，实现乡村高质量可持续发展。

　　新发展阶段，湖南如何发挥其乡村经济资源比较优势，契合"三高四新"与中部崛起战略布局，构建绿色创新引领高质量发展的动力机制是推动其全面乡村振兴、新型城乡融合高质量发展的重要命题。为此，本文首先基于方向距离函数 DEA 模型算出湖南及其他地区的 GTFP 增长水平，并运用 Malmquist – Luenberger 指数将其分解为技术效率（TE）和技术进步（TC）两部分，研究其增长动力来源。随后，将湖南的 GTFP 水平、TC 水平和 EC 水平分别与中部六省平均水平、全国平均水平进行区域间比较分析，研究其发展阶段并对增长动力进行解构分析。最后，基于新发展阶段宏观环境与战略布局，提供相关对策建议。

二、文献综述

　　学界关于绿色全要素生产率的研究大多集中在城市区域和产业层面，比如，余奕杉（2021）和王凯风（2017）对我国城市绿色全要素生产率测度研究；张瑞（2020）从省域物流业视角探讨绿色全要素生产率的溢出效应；滕泽伟（2020）对我国服务业 GTFP 增长的时空分异及机制识别进行研究；王贤彬（2021）认为政府经济增长与各省制造业 GTFP 之间存在负相关关系，并基于计量模型对其进行实证研究和异质性分析。秦臻（2019）、黄宝敏（2019）、韩英（2021）、于善波（2021）等对某一省份或地区的生产率进行测度，且大多对其地区差异性进行研究。

　　部分学者研究乡村地区绿色发展，且大多集中在农业绿色全要素生产率的测度研究和时空分析。克戤（2021）运用超效率 DEA 模型测算了 30 个省份 2001～2017 年的绿色全要素生产率，并运用 Dagum 模型将其分解为组内、组间和超变密度三个部分，最后通过构建马尔科夫链来对其区域差异和转移路径进行研究。纪成君（2020）测度了我国农业 GTFP，并使用莫兰指数、热点分析法对其空间相关性和收敛性进行分析。王奇（2012）通过对我国农业 GTFP 变化和农业 TFP 变化的比较分析，发现 GTFP 分解的技术效率变化和技术进步变化更为缓慢。刘亦文（2021）使用 MinDS 超效率模型测度了农业 GTFP，通过核密度分析方法考察八大经济区 GTFP 的整体分布和变化特征，并对其空间收敛性进行研究。发现使用技术的同异所刻画的农业 GTFP 变化具有显著的时空差异。葛鹏飞（2018）将碳排放作为非期望产出，对 2001～2015 年中国各省份的农业 GTFP 进行测度。演化机理和收敛性分析表明碳排放和机械动力的低效率是影响农业绿色发展的主要原因。郭海红（2018）从静态和动态视角分别测算了省际和地区的农业 GTFP 的增长指数和时空演化规律，指出农业绿色技术创新差距呈现不断扩大的趋势且绿色增长效率的提升更多依赖于绿色科技进步。在省域农村绿色发展效率方面，崔瑜和刘文新等（2021）测算并分析了中国 31 个省份的农村绿色化发展效率的地区差异及其收敛性，发现经济发达地区农村绿色发展效率高于经济欠发达地区，沿海地区农村绿色化发展效率高于内陆地区。谢里（2016）从资源禀赋、技术水平、政策和制度环境等方面出发，运用多种 DEA 模型与 Gini 准则相结合的方法，指出我国农村地区在绿色发展过程中，既要增加绿色资源的投入，为农村绿色发展创造基本的条件，也要增加农村绿色劳动力的投入，为农村绿色发展提供高素质劳动力，以此促进我国农村地区绿色绩效的进一步提高。杨文杰（2021）则基于新型城乡关系，从本质、过程和结果表现三个层面系统阐释农村绿色发展的科学内涵，明确农村绿色发展的目标和理论依据，构建乡村绿色发展路径框架。在提升途径方面，李士梅（2017）认为农村劳动力转移阻碍了农业全要素生产率的提高，而教育和工业化则可以促进农业全要素生产率提高。程莉（2018）从农业可持续发展、乡村产业融合、乡村生态环境治理和乡村基础设施建设四个核心指标出发，分析了乡村绿色发展对乡村振兴影响的内在逻辑。

　　本文的学术贡献包括两个方面：一是不同于研究农业 GTFP 测度和时空分异，本章将乡村作为一个系统，涵盖生产、生活、生态三个方面，从整体层面上测算乡村绿色全要素生产率并对其进行分解，能更精确地反映出整个乡村的绿色增长全貌；二是将湖南 GTFP 增长水平与中部六省平均水平、全国平均水平进行比较分析，对其进行合理的定位和评价，提出更为符合湖南当前发展阶段的绿色创新发展对策。

三、乡村绿色全要素生产率测度与分解方法

（一）研究方法

1. Malmquist – Luenberger 指数

径向 DEA 模型是在考虑非期望产出时，投入（产出）等比例缩减（增加）对最佳生产边界接近程度的度量，Chung 等（1997）所扩展的方向距离函数模型（DDF）是对径向 DEA 模型的一般化表达。方向距离函数模型可以自定义被评价 DMU 往前沿上投影的方向。在欧氏空间中，投影方向由方向向量决定，不同投入和产出指标的方向向量值代表了其相对重要性或优先程度。

如果存在非期望产出（例如，生产过程中产生的污染排放），则可以在方向距离函数模型中对产出类型进行区分，记期望产出为 Y、记非期望产出为 B，相应的产出向量区分为期望产出向量 g_y 和非期望产出向量 g_b，在模型中区别对待期望产出和非期望产出是方向距离函数模型的主要功能之一。包含非期望产出的方向距离函数模型表示为式（1）：

$$\max \beta \text{ s. t. } X\lambda + \beta g_x \leqslant x_k$$
$$Y\lambda - \beta g_y \geqslant y_k$$
$$B\lambda + \beta g_b \leqslant b_k$$
$$g_x \geqslant 0, \ g_y \geqslant 0, \ g_b \geqslant 0 \tag{1}$$

式（1）中，$-g_x$、g_y、$-g_b$ 分别表示投入、好产出和坏产出的方向向量。$-g_x$ 表示被评价决策单元是往减少投入的前沿投影的方向；g_y 表示增加好产出的前沿投影的方向；g_b 表示减少坏产出的前沿投影的方向。Chung 等（1997）在方向距离函数的基础上，将包含非期望产出的方向距离函数应用于 Malmquist 模型，并将得出的 Malmquist 指数称为 Malmquist – Luenberger 指数（ML 指数）。任何包含非期望产出的 Malmquist 模型得出的 Malmquist 指数都可以被称为 Malmquist – Luenberger 指数。假设输入向量 $x \in R_+^N$ 用于产生期望的输出 $y \in R_+^M$，伴随着非期望的副产品 $b \in R_+^H$ 的联合技术的技术集可以表示为 $T = \{(x, y, b): x \text{ 生产 } y \text{ 和 } b\}$，$g = (g_x, g_y, g_b) \in R_-^N \times R_+^M \times R_-^H$ 是一个非零向量，表示测量数据点 (x, y, b) 和生产边界之间距离的方向。当 $g = (0, y, -b)$ 时，描述了理想输出的最大增加量，同时沿 $(y, -b)$ 方向减少不理想输出，"方向距离函数"计算出每个决策单元与理想产出的距离，并以此来衡量整体的生产增长效率，

距离越小，效率越高，距离为 0 时，生产位于最佳前沿面上。当选择 $g = (0, y, -b)$ 时，给定某个决策单元 r 的观测值 $(x^{t,k}, y^{t,k}, b^{t,k})$，$t = 1, 2, \cdots, T$，$ML_t^{t+1}$ 方向距离函数也可以通过求解下述线性规划问题计算得出式（2）：

$$
\begin{cases}
\overrightarrow{D}_0^t(x^{t,k'}, y^{t,k'}, b^{t,k'}, -b^{t,k'}) = \max\beta \\
\text{s. t.} \sum_{k=1}^{K} z_k^t y_{km}^t \geq (1+\beta) y_{k'm}^t, m = 1, \cdots, M \\
\sum_{k=1}^{K} z_k^t b_{ki}^t = (1-\beta) b_{k'i}^t, i = 1, \cdots, I \\
\sum_{k=1}^{K} z_k^t x_{kn}^t \leq x_{k'n}^t, n = 1, \cdots, N \\
z_k^t \geq 0, k = 1, \cdots, K
\end{cases}
\tag{2}
$$

最后得出式（3）：

$$
ML_0^t = \frac{1 + \overrightarrow{D}_t^t(x^t, y^t, b^t; g^t)}{1 + \overrightarrow{D}_t^t(x^{t+1}, y^{t+1}, b^{t+1}; g^{t+1})}
\tag{3}
$$

式（3）中，ML 指数表示使用 t 时期技术时，t 到 $t+1$ 期 GTFP 的变化率，$\overrightarrow{D}_t^t(x^{t+1}, y^{t+1}, b^{t+1}; g^{t+1})$ 表示混合距离函数，指利用 t 期的技术进行 $t+1$ 期的生产。同理，使用 $t+1$ 期技术的 ML 生产率指数为：

$ML_0^{t+1} = 1 + \overrightarrow{D}_t^{t+1}(x^t, y^t, b^t; g^t) / \{1 + \overrightarrow{D}_t^{t+1}(x^{t+1}, y^{t+1}, b^{t+1}; g^{t+1})\}$，为避免时期选择所带来的误差，经常使用 ML_0^t 和 ML_0^{t+1} 的几何平均值来刻画 GTFP 的变化。因此 i 省乡村地区以 t 为基期到 $t+1$ 期的 ML 指数为式（4）：

$$
ML_t^{t+1} = (ML_i^t \times ML_i^{t+1})^{\frac{1}{2}}
$$

$$
= \left[\frac{1 + \overrightarrow{D}_t^t(x^t, y^t, g^t; b^t)}{1 + \overrightarrow{D}_t^t(x^{t+1}, y^{t+1}, g^{t+1}; b^{t+1})} \times \frac{1 + \overrightarrow{D}_t^{t+1}(x^t, y^t, g^t; b^t)}{1 + \overrightarrow{D}_t^{t+1}(x^{t+1}, y^{t+1}, g^{t+1}; b^{t+1})} \right]^{\frac{1}{2}}
$$

$$
= \left\{ \frac{[1 + \overrightarrow{D}_t^{t+1}(x^t, y^t, g^t; b^t)]}{[1 + \overrightarrow{D}_t^t(x^t, y^t, g^t; b^t)]} \times \frac{[1 + \overrightarrow{D}_t^{t+1}(x^{t+1}, y^{t+1}, g^{t+1}; b^{t+1})]}{[1 + \overrightarrow{D}_t^t(x^{t+1}, y^{t+1}, g^{t+1}; b^{t+1})]} \right\}^{\frac{1}{2}} \times
$$

$$
\left\{ \frac{1 + \overrightarrow{D}_t^t(x^t, y^t, g^t; b^{t+1})}{1 + \overrightarrow{D}_t^{t+1}(x^{t+1}, y^{t+1}, g^{t+1}; b^{t+1})} \right\}
$$

$$
= EC_t^{t+1} \times TC_t^{t+1}
\tag{4}
$$

式（4）表明 ML 指数可以分解为技术进步（TC）和技术效率（EC）两部分，TC_t^{t+1} 表示技术的改变导致生产前沿变化，进而对 GTFP 变化的影响。TC_t^{t+1} 指数大于 1

（小于1）表明绿色技术得到改善（否则，技术退步），其反映了当前技术与最佳生产技术的距离；EC_t^{t+1}刻画了在当前技术水平下，技术操作效率的变化对 GTFP 变化的影响，EC 大于 1（小于 1）表示技术效率提高（否则，下降），反映了技术的追赶效率；ML 指数刻画乡村 GTFP 变化的总体情况，当其大于 1（小于 1）时，则表明乡村 GTFP 增长（否则，下降）。

2. 贡献率度量与分解

贡献率是用来计算某因素的增长量占总增长量比率的一个指标。它指的是有效或有用成果数量与资源消耗及占用量之比，即产出量与投入量之比。计算公式为：贡献率 = 某因素贡献量/总贡献量×100%。

为了衡量技术进步与技术效率对于乡村绿色全要素生产率增长的结构贡献，本文将贡献率定义为式（5）、式（6）：

$$\varphi_{it} = \frac{TC_{it}}{TC_{it} + EC_{it}} \times 100\% \tag{5}$$

$$\phi_{it} = \frac{EC_{it}}{TC_{it} + EC_{it}} \times 100\% \tag{6}$$

式（5）、式（6）中，TC、EC、φ、ϕ 的下标 i 表示地区，t 表示不同的时期。φ_{it} 为技术进步对于乡村绿色全要素生产率增长的结构贡献率，ϕ_{it} 为技术效率对于乡村绿色全要素生产率增长的结构贡献率。

（二）指标选取与数据来源

1. 研究对象和数据来源

本文研究我国 30 个省份（不包括西藏和港澳台）2007～2017 年乡村地区 GTFP 增长差异，并将其划分为东部、中部、西部和东北四个地区，重点考察了区域差异来源和驱动机制，相关数据来源于《中国统计年鉴》《中国农村经营管理统计年报》《中国农村统计年鉴》等统计年鉴。

2. 变量选取和数据说明

考虑到数据的良好统计性和实用性，结合乡村生产的特点，本文从土地、资本、劳动、生态资源、期望产出和非期望产出六个方面构建乡村投入产出指标体系。其中，期望产出用农林牧渔业总产值和农村居民人均纯收入表示，分别衡量总体和局部的产出增长，这两个指标都经过不变价格的平减处理；非期望产出用农业氨氮排放量和农业化学需氧量两个指标来衡量。劳动投入用农业就业人数表示；土地投入用农作物总播种面积进行估计；资本投入用农业农村固定投资表示乡村固定资产投入。2005 年起我国将绿色发展目标纳入"十二五"规划中，因此，为了获得相对可靠的农村资本存量，对农业农村综合固定投资采用永续盘存法，以 2005 年为基期计算出 2007～2017 年农村资本存量。初始资本存量的确定参考 Griliches 和 Mairesse（1991）的计算方法，计算公式为 $K_{i0} = E_{i0} / (\delta_i + g_i)$，其中：$K_{i0}$ 为 i 省初始资本存量，E_{i0} 为 i 省在基期的投资，δ_i 为 i 省的资产折旧率，g_i 为 i 省投资的年平均增长率（g_i 采用目前较为常用的几何平均法计算得出）。生态资源投入用农业水资源表示。具体乡村 GTFP 测算指标体系如表 1 所示。

表 1　乡村绿色全要素生产率测算指标体系

项目	变量	含义	统计性指标	单位
土地	F	乡村土地资源投入	每年农作物总播种面积	千公顷
资本	K	乡村固定资产投入	农业农村综合固定投资	亿元
劳动	L	乡村产业经济劳动力投入	平均农业就业人数	万人
生态资源	N	乡村生态资源投入	农业水资源投入	亿立方米
期望产出	GDP	乡村产业经济增加值	农林牧渔业总产值	亿元
	Income	乡村居民人均收入	农村居民人均纯收入	元
非期望产出	NH	乡村产业污染	农业氨氮排放总量	万吨
	COD	乡村产业污染	农业化学需氧量	万吨

表 2 显示了分地区乡村绿色全要素生产率增长测算指标体系的描述性统计结果，变异系数是衡量观测值离散程度的统计量，其值越大，变量观测值越趋于离散。由表 2 可知，西部地区农业水资源投入观测值的变异系数最大，其他变量的观测值的变异系数均在东部地区显示出最大的离散程度，且大多在中部地区更加集中。这意味着，在投入产出方面，东部地区 GTFP 发展具有更为显著的非均衡性和多样性，而中部地区六省的投入产出差异较小，其 GTFP 增长差异更小，具有更强的收敛趋势。就各变量均值而言，最大值大多集中在中部地区，这与当前中部地区大多为农业大省息息相关，同时进一步凸显出变量选取的合理性。

表 2　分地区 GTFP 增长评价模型各指标描述性统计

变量	地区	最小值	最大值	均值	标准差	变异系数
农作物总播种面积（千公顷）	全国	120.94	14767.59	5384.07	3632.50	0.674676
	东部	120.94	11107.79	3832.09	3735.62	0.974826
	东北	3703.88	14767.59	7214.26	3704.10	0.513441
	中部	3577.62	14732.53	8090.42	3331.74	0.411813
	西部	489.78	9728.61	4819.63	2515.64	0.521957

变量	地区	最小值	最大值	均值	标准差	变异系数
农业农村综合固定投资（亿元）	全国	37.09	3245.66	955.57	680.78	0.712433
	东部	37.09	2313.50	763.21	688.18	0.901692
	东北	491.40	922.27	673.56	108.22	0.160669
	中部	635.80	3245.66	1495.40	694.27	0.464270
	西部	114.79	2379.27	912.91	598.14	0.655201
平均农业就业人数（万人）	全国	29.25	6252.89	1322.46	1222.11	0.924122
	东部	29.25	6252.89	1349.86	1413.34	1.047027
	东北	275.65	2091.57	1194.43	570.39	0.477542
	中部	234.12	5508.83	1973.76	1345.75	0.68182
	西部	42.81	4298.24	977.21	922.80	0.944321
农业水资源投入（亿立方米）	全国	5.10	561.70	124.48	103.89	0.834624
	东部	5.10	307.60	106.60	91.60	0.859287
	东北	67.53	316.40	147.30	92.89	0.630618
	中部	32.92	200.20	136.73	48.35	0.353617
	西部	18.12	561.70	127.83	133.62	1.045295
农林牧渔业总产值（亿元）	全国	100.60	9549.60	2711.20	2059.50	0.759626
	东部	237.00	9549.60	2893.46	2547.09	0.880292
	东北	1155.50	5586.63	3052.48	1255.31	0.411243
	中部	498.39	7799.67	3581.24	1951.85	0.545021
	西部	100.60	6955.55	1977.85	1491.36	0.754031
农村居民人均纯收入（元）	全国	1984.62	27825.04	8480.87	4669.26	0.550564
	东部	3255.53	27825.04	11727.73	5515.15	0.470266
	东北	3552.43	13746.80	8275.75	3171.30	0.383204
	中部	2969.08	13812.09	7480.35	3197.36	0.427435
	西部	1984.62	12637.91	6130.86	2847.07	0.464383
农业氨氮排放总量（万吨）	全国	0.56	23.09	5.97	4.32	0.722718
	东部	0.56	23.09	6.83	5.40	0.790630
	东北	2.32	11.11	6.08	2.56	0.421053
	中部	3.09	16.50	8.21	3.72	0.453106
	西部	0.65	14.37	3.94	2.78	0.705584
农业化学需氧量（万吨）	全国	1.00	4.00	2.23	1.02	0.458484
	东部	7.59	198.25	60.36	50.03	0.828860
	东北	17.45	157.65	72.51	43.74	0.603227
	中部	19.52	143.67	71.21	31.78	0.446286
	西部	5.75	130.23	41.66	29.91	0.717955

四、湖南乡村绿色全要素生产率增长路径分析

（一）增长路径与结构

为了探究我国乡村绿色全要素生产率的总体增长路径，本文运用 MAXDEA 软件，在规模报酬不变的条件下，基于 DDF – ML 指数模型计算出湖南乡村 GTFP 增长数据，并将其分解为决策单元在两个时期内技术效率的变化和技术进步的变化，即绿色全要素生产率增长（GTFPCH）＝技术效率变化（EC）×技术进步变化（TC），结果如表3所示。

表3 2007~2017 年湖南乡村 GTFP 增长及其分解项

年份	绿色全要素生产率增长	技术效率变化	技术进步变化
2007	1.0682	1.1259	0.9487
2008	1.1161	1.0650	1.0479
2009	0.8764	0.9004	0.9733
2010	1.1127	1.0268	1.0837
2011	1.0362	1.0437	0.9928
2012	0.9706	1.0174	0.9540
2013	0.9227	0.9281	0.9941
2014	0.9638	0.9782	0.9854
2015	1.0043	1.0045	0.9998
2016	1.0791	0.9418	1.1458
2017	0.8645	0.8818	0.9804

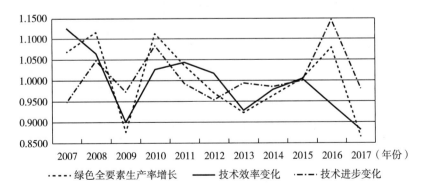

图1 2007~2017 年湖南乡村 GTFP 增长及其分解结果

从表 3 和图 1 中可以看出，湖南 Malmquist 指数呈现微 "M" 型波动增长，TC 和 EC 变化趋势基本趋同，但存在驱动力强弱之分。由图 1 和图 2 可知，2012 年是一条分界线，在此之前技术效率改进大多高于技术进步变化，表现为技术效率驱动，在此之后技术进步大多高于技术进步效率，表现为技术进步驱动。相较于技术进步变化而言，技术效率整体上更偏向于生产前沿，但对绿色全要素生产率增长的贡献度日趋下降，到 2017 年底，其平均增长率为 −2.6787%。反观绿色技术进步正慢慢靠近绿色生产前沿，体现为后发优势，到 2017 年底，其平均增长率达到 0.3658%。这种增长率差异产生的原因是，前期生产规模扩大引致的技术效率改进存在边际报酬递减的规律。由于技术效率改进主要来源于机器升级、人力资本以及要素利用率和产业配置水平，这些要素的发展水平会随着时间的推移变得更难革新和突破；而技术进步通常会随着信息技术的更新换代、知识的外溢扩散以及产业的转移升级等外部驱动的发展而发展，并且技术进步与应用创新之间存在着良性互动，形成不断攀升的 "双螺旋结构"，即技术进步为应用创新提供了新的技术支撑，而应用创新会很快触及技术创新的极限点，从而驱使技术进一步革新，以满足应用创新的需要，由此形成技术创新的局面。技术进步的两大特征使绿色全要素生产率在长期内具有更大的增长潜力。因此，在短期内，GTFP 增长主要受限于要素的利用水平即技术效率，当绿色发展受限于既有规模和要素利用水平时，GTFP 主要表现为技术进步驱动型的增长模式。从长期来看，湖南乡村GTFP 增长主要由技术进步改进拉动，技术效率的降低不同程度地抵消了技术进步的效果，使绿色全要素生产率的增长速度略低于技术进步指数的增长率，这与当前大多数研究结果基本一致，即乡村 GTFP 增长表现为技术进步和技术效率相背离的技术诱导型增长。这种现象在一定程度上表明，虽然我国在乡村生产技术创新方面成效较为显著，但是在乡村前沿技术的推广应用方面尚有较大的欠缺，这与当前乡村机械化水平和乡村从业人员的专业技能水平较低的现实相符。绿色技术进步增长的停滞，某种程度上表明前沿生产技术对传统要素投入利用水平的提高幅度相对较大，而对环境要素投入利用水平的提高幅度相对较小，这从侧面印证了我国乡村生产技术研发更多重视经济效益的提升，而较少关注到环境效益。此外，乡村生产观念较落后，较依赖传统技术的推广和应用，缺乏绿色技术的推广与应用。因此，我国乡村 GTFP 提高不仅需要加大乡村绿色生产技术研发，更需要加强环境友好型技术的推广与应用，今后需要从技术进步和使用效率两方面协同推动乡村绿色发展。

图 2 从技术进步角度来衡量其对乡村 GTFP 增长的结构贡献率，其值大于 50% 时，体现为以技术进步驱动为主、技术效率驱动为辅；反之，则是以技术效率驱动为主、技术效率驱动为辅。由图 2 可知，2012 年是驱动机制转换的过渡年，在此之前是以技术效率驱动为主，在此之后是以技术进步驱动为主。可能的原因是：随着绿色环保理

念不断地深入人心，企业更加重视消费者的行为，特别是绿色消费行为，从而迫使其产业进行绿色转型升级，诱使绿色技术进步驱动乡村 GTFP 增长。

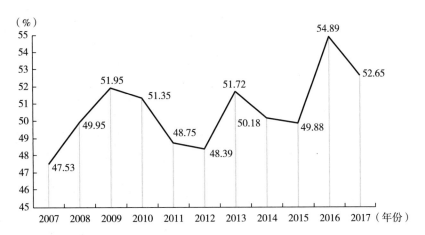

图2 湖南绿色全要素生产率的结构贡献率

（二）发展的比较优势与短板

中部崛起战略指出，要争取在 2015 年之前实现中部六省经济显著提高的目标，充分发挥其经济纽带作用，借助东部产业转移和升级的契机，提升对全国经济总量的贡献率。然而，湖南等中部省份仍不能避免传统"高投入、高耗能""高污染"的粗犷式经济发展模式，如何对中部省份经济发展中的环境问题进行具体分析，促使中部省份转变经济发展方式，是经济转型过程中亟待解决的问题。鉴于此，本文将湖南绿色发展现状与中部六省、全国平均绿色发展水平进行比较分析，深度剖析其绿色发展阶段和绿色发展效率，并针对其绿色发展现状提出切实可行的对策建议。

首先，从 GTFP 增长、TC 水平和 EC 水平三个方面对湖南、中部六省平均和全国平均进行比较分析，细化整体和部分增长特征，对湖南绿色发展增长有一个合理的评价和定位。比较结果如表4和表5所示。

表4 分地区乡村 GTFP 增长及其分解平均水平

GTFP 及其分解	年份	地区					
		全国	东部	东北	中部	西部	湖南省
绿色全要素 生产率增长	2007	1.0130	0.9624	1.0190	0.9962	1.0665	1.0682
	2008	1.0630	1.0601	1.0895	1.0458	1.0678	1.1161
	2009	0.9544	0.9662	0.9671	0.9619	0.9361	0.8764
	2010	1.0714	1.1070	1.0319	1.0499	1.0714	1.1127
	2011	1.0093	1.0223	1.0909	0.9853	0.9884	1.0362

续表

GTFP 及其分解	年份	地区					
		全国	东部	东北	中部	西部	湖南省
绿色全要素 生产率增长	2012	1.0131	1.0110	1.0486	0.9896	1.0182	0.9706
	2013	1.0229	1.0315	1.0151	1.0016	1.0274	0.9227
	2014	1.0258	1.0398	1.0282	1.0359	1.0070	0.9638
	2015	1.0108	1.0168	1.0277	0.9872	1.0137	1.0043
	2016	1.1282	1.0903	1.063	1.1195	1.1851	1.0791
	2017	1.0394	1.0493	0.9618	0.9593	1.0953	0.8645
绿色技术 效率变化	2007	1.0710	1.0378	1.1352	1.0237	1.1096	1.1259
	2008	1.0092	1.0262	1.0138	1.0117	0.9910	1.0650
	2009	1.0152	1.0661	1.0135	1.0092	0.9728	0.9004
	2010	1.0051	1.0588	0.9704	0.9570	1.0211	1.0268
	2011	1.1037	1.0189	1.1026	1.0330	1.2196	1.0437
	2012	1.0228	1.0028	1.0337	1.0103	1.0447	1.0174
	2013	1.0204	1.0071	1.0030	0.9953	1.0062	0.9281
	2014	1.0066	1.0067	1.0174	0.9981	1.0082	0.9782
	2015	0.9801	1.0153	0.9829	0.9577	0.9595	1.0045
	2016	0.9763	1.0643	0.9468	0.9504	0.9186	0.9418
	2017	1.0202	1.0252	0.9274	0.9666	1.0704	0.8818
绿色技术 进步变化	2007	0.9518	0.9325	0.9010	0.9771	0.9694	0.9487
	2008	1.0552	1.0357	1.0753	1.0346	1.0787	1.0479
	2009	0.9502	0.9144	0.9544	0.9557	0.9611	0.9733
	2010	1.0719	1.0503	1.0650	1.1053	1.05	1.0837
	2011	0.9389	1.0196	0.9922	0.9547	0.8423	0.9928
	2012	0.9909	1.0082	1.0146	0.9795	0.975	0.954
	2013	1.0034	1.0263	1.0122	1.0069	0.9783	0.9941
	2014	1.0193	1.0334	1.0109	1.0372	0.999	0.9854
	2015	1.0336	1.002	1.0459	1.0317	1.0599	0.9998
	2016	0.9738	1.0457	1.1226	1.1816	1.3218	1.1458
	2017	1.0181	1.0255	1.0307	0.9924	1.0219	0.9804

由表4可知，在2007~2011年，湖南的GTFP增长水平以及分解项EC和TC水平几乎全部超过中部地区平均水平；同时，由表5可以看出，在2012年以前，湖南和中部地区绿色全要素生产率增长主要依赖于技术效率，因为技术进步对绿色全要素生产率增长的结构贡献率大多小于50%。此时，乡村绿色全要素生产率增长主要来源于机

械动力的高效率、当地工作人员专业技能水平的提升以及产业资源的高效配置，当前的经济增长偏向于粗放式增长。因此，在 2007～2011 年，湖南凭借着先进的机器设备（比如农机设备等、高质量的专业技能人才以及合理的产业配置规划等技术效率要素的优化配置和合理利用），使自身绿色生产效率超过中部地区平均水平，从而驱动其乡村GTFP 增长处于中部六省平均水平之上。2012 年以后，湖南在技术效率和技术进步方面都面临着增长乏力的问题，其水平均低于中部六省平均水平，使乡村 GTFP 增长水平持平或落后于中部六省平均水平。主要原因有两点：第一，湖南前期所积累的要素资源优势增长至瓶颈期，且落后平均水平的省份具有更大的要素资源的边际报酬，由此在技术效率方面存在着追赶效应。第二，由于信息技术的高速发展、产业的转移升级以及知识、技术的外溢，不同省份的技术进步水平会趋向于平均水平，由此湮没了前期的技术进步优势，使中部地区技术基本趋同，从而出现中部地区乡村绿色 GTFP 增长上的追赶效应。2012 年以后，保护环境的基本国策更加深入人心，企业开始转变发展方式，实行以可持续发展理念为导向、生产大众满意的产品的大政方针，全国绿色生产蔚然成风，使技术出现历史性变革，更加绿色化，由此推动乡村绿色全要素生产率稳步增长，实现规模效率。

通过表 4 进一步分区域比较，东部地区乡村绿色发展水平最高，仅有两年由于技术进步增长乏力未达到生产前沿，而绿色技术效率均达到生产前沿面；其次是东北地区，有两年未达到生产前沿，且 2015 年之后绿色技术效率均未达到生产前沿；再次是西部地区，有两年未达到生产前沿，且观测期内有一半的时期绿色技术效率和技术进步均未达到生产前沿；最后是中部地区，有六年未达到生产前沿面，且在观测期内有一半的时期绿色技术效率和技术进步均未达到生产前沿。可能的原因是，东部地区得益于其自身的经济发展现状、发展理念以及政府政策的支持，较重视乡村绿色发展。与此同时，得天独厚的人才以及技术优势也使东部地区 GTFP 增长较为明显；而西部地区受限于自身的发展条件且大多为不发达地区，加之 20 世纪 90 年代的西部大开发战略，使该地区较为重视乡村以及农业的发展，因此也具有较好的乡村绿色发展禀赋，最终实现了 GTFP 增长；中部地区作为东西地区的经济枢纽以及中间转接平台，更容易引发"污染避难所"效应，即东部地区将污染企业迁至中部地区，在东部地区进行产业转移时，中部地区的绿色发展将受到严重影响。中部地区发展优势不足，虽为农业大省，但大部分农村地区并无先进的生产理念和技术基础设施以及优厚的人力资本。因此，中部地区很难达到规模生产，也无法通过绿色技术进步和绿色技术效率驱动乡村 GTFP 增长，进一步制约了乡村绿色发展。同全国平均水平进行比较，东部地区由于自身的发展优势，比如发达的生产条件、先进的生产技术等，使其 GTFP 增长超过了全国平均水平。由此可知，湖南乡村绿色发展水平在中部地区处于发展末端，而中部地区在全国乡村绿色发展中处于发展末端。因此，从全国来看，湖南乡村绿色发展较为缓慢，具有较大的增长潜力，需尽快对其发展模式进行革新，使其更加具有持续性并走向绿色化，从投入、驱动、体制机制等方面对其乡村发展进行绿色管制，避免"污染天堂"效应的持续恶化。

由表5可知，全国GTFP增长更加偏向于技术效率引领型的绿色发展模式，且通过纵向比较发现，全国平均技术效率贡献率有6年超过中部六省和湖南水平，中部六省平均技术效率贡献率有6年超过湖南水平，相比于中部六省技术进步贡献率，全国平均技术进步贡献率更偏离50%水平。由此可知，绿色技术效率对GTFP增长的驱动作用为全国>中部六省>湖南。这表现为，湖南的机械动力水平、科研素养水平、要素利用率水平以及产业资源的配置水平整体低于中部六省的平均水平，而中部六省平均水平低于全国平均水平，这进一步说明湖南的绿色技术进步是推动其绿色全要素生产率增长的主要原因，而技术效率的作用微乎其微，这显然不符合集约式发展原则。针对湖南的绿色发展现状，本文认为：在引进高度绿色化技术的基础设施和外国先进设备的同时，更应该不断提高其要素利用率和资源配置水平，通过强化市场机制，不断优化其产业结构和市场合理定位，让市场这只"无形之手"自动调节供需关系，引导绿色创新发展继续向前迈进。

表5 不同地区 GTFP 增长结构贡献率　　　　单位：%

年份	技术进步贡献率			技术效率贡献率		
	全国平均水平	中部地区平均水平	湖南省水平	全国平均水平	中部地区平均水平	湖南省水平
2007	47.05	48.84	47.53	52.95	51.16	52.47
2008	51.11	50.56	49.95	48.89	49.44	50.05
2009	48.35	48.64	51.95	51.65	51.36	48.05
2010	51.61	50.70	51.35	48.39	49.30	48.65
2011	45.96	48.03	48.75	54.04	51.97	51.25
2012	49.21	49.23	48.39	50.79	50.77	51.61
2013	49.58	50.29	51.72	50.42	49.71	48.28
2014	50.31	50.96	50.18	49.69	49.04	49.82
2015	51.33	51.86	49.88	48.67	48.14	50.12
2016	49.94	55.42	54.89	50.06	44.58	45.11
2017	49.95	50.66	52.65	50.05	49.34	47.35

五、对策建议

在分析湖南 2007～2017 年乡村绿色发展现状，并对 GTFP 增长及其分解项进行区域对比分析和技术进步结构贡献率结构的基础上，发现湖南乡村 GTFP 增长存在以下两个方面的问题：第一，技术进步虽有所改进，但仍未达到最佳生产前沿的技术水平，与东部地区平均绿色技术进步水平仍有一定的差距；第二，本土化的资源禀赋、机械动力效率、当地工作人员专业技能水平以及产业资源的配置等仍有待进一步优化和绿色升级，这体现为绿色技术效率很难突破极限点并进一步攀升，从而无法实现产业与要素的优化配置升级。针对以上问题，基于新发展阶段经济发展环境与战略布局，本文从投入、驱动以及体制建设三个方面提出对策建议。

第一，加大绿色技术研发投入，加快绿色创新成果转化和推广。绿色创新的最终目的是实现绿色产出，主要包括新技术、新产品以及新的生产实践方式的产生等。将绿色产出投入到社会生产实践中，可以为社会可持续发展创造更高的效益。绿色产出的顺利实现离不开绿色创新投入和成果宣传、推广两个环节。在绿色创新投入方面，应加大绿色技术市场性研发投入，实现绿色产业规模化发展并推动传统产业绿色升级。同时，政府应当发挥积极作用，推进建设一系列绿色产品技术研发体系，打造绿色企业健康发展的软件环境，吸引外资壮大绿色企业。在绿色创新成果转化方面，应破除资源流动障碍，促进东部地区先进的绿色生产技术向中部和西部地区的转移和成果转化。政府还需要进一步加大绿色技术的宣传推广力度，提高居民的环保意识，着力解决当前面临的技术推广和机制不健全的问题，通过构建新型专业培训平台提升乡村劳动者的人力资本，培养造就一支适应现代化绿色发展需求的高素质的新型乡村经营者队伍，通过缩小地区之间的绿色技术差异和技术应用效率的差距，实现各地区资源耦合互动，最终达到区域协调发展的目标。

第二，提高要素资源利用水平，加强区域间城乡技术创新交流与合作。从驱动机制来看，应逐步消除湖南绿色技术效率和绿色技术进步两条增长路径之间的障碍，促进两者协同高效发展，助力乡村绿色发展。针对绿色技术效率，应注重协调其生产要素的合理配置，设置合理的劳资比，调整产业结构，促进循环经济的落地实施，从源头上实现"减量化""再利用""再循环"；针对绿色技术进步，应加快城镇化进程，促进区域间交流合作，合理利用本土绿色的技术外溢来进行产业升级改造；与此同时，应实施与清洁能源相配套的产业协调政策，增强区域的联动性，加强区域间绿色企业合作，制定长期合作方案，根据市场预测结果制定长期订单，提高绿色企业利润，带动当地绿色产业发展。

第三，立足乡村本土绿色创新发展优势，制定严格的绿色创新发展政策。因地制宜地发展绿色产业（比如当地旅游业、农家乐等），尽快对地区比较优势进行合理定位，制定绿色经济专项发展规划。其主要包括两个方面的内容，从污染防治来看，实行最严格的环境规制以及健全生态环境的管理制度，实行市场激励型环境规制，将生态环境改善情况纳入企业考核和政府政绩评价中，同时实施命令控制性环境规制，对不符合绿色生产要求的企业征收排污费，并激励其进行绿色转型升级，提高当地 GTFP 增长趋向于个体稳态均衡点的收敛速度，以点带面，促进区域技术外溢和辐射，形成互利共赢的局面，整体提升湖南乡村 GTFP 增长水平；从创新体制机制来看，强化市场导向机制、社会服务机制、消费者拉动机制等机制的导向作用，通过政策合理引导消费者的绿色环保意识，实现消费方式的绿色化转变，增加对绿色创新产品的需求，致力于从供需两个渠道实现乡村绿色创新发展。

参考文献

[1] Griliches Z., Mairesse J. R&D and Productivity Growth：Comparing Japanese and U. S. Manufacturing Firms [M]. Chicago：University of Chicago Press，1991.

[2] Y. H. Chung, R. Färe and S. Grosskopf. Productivity and Undesirable Outputs：A Directional Distance Function Approach [J]. Journal of Environmental Management, 1997, 51 (3)：229 - 240.

[3] 程莉，文传浩. 乡村绿色发展与乡村振兴：内在机理与实证分析 [J]. 技术经济, 2018, 37 (10)：98 - 106.

[4] 崔瑜，刘文新，蔡瑜，朱俊，赵敏娟. 中国农村绿色化发展效率收敛了吗——基于1997—2017 年的实证分析 [J]. 农业技术经济, 2021 (2)：72 - 87.

[5] 葛鹏飞，王颂吉，黄秀路. 中国农业绿色全要素生产率测算 [J]. 中国人口·资源与环境, 2018, 28 (5)：66 - 74.

[6] 郭海红，张在旭，方丽芬. 中国农业绿色全要素生产率时空分异与演化研究 [J]. 现代经济探讨, 2018 (6)：85 - 94.

[7] 韩英，马立平. 基于成本 Malmquist 模型的产业全要素生产率测算研究——以京津冀地区为例 [J]. 数理统计与管理, 2021 (5)：1 - 15.

[8] 黄宝敏. 河南省全要素生产率测算与分解 [J]. 统计与决策, 2021, 37 (2)：125 - 129.

[9] 纪成君，夏怀明. 我国农业绿色全要素生产率的区域差异与收敛性分析 [J]. 中国农业资源与区划, 2020, 41 (12)：136 - 143.

[10] 克甦，傅娟，蔡青青，曹建飞. 绿色全要素生产率的区域差异与动态演化 [J]. 技术经济与管理研究, 2021 (5)：112 - 116.

［11］李士梅，尹希文．中国农村劳动力转移对农业全要素生产率的影响分析［J］．农业技术经济，2017（9）：4 – 13.

［12］刘亦文，欧阳莹，蔡宏宇．中国农业绿色全要素生产率测度及时空演化特征研究［J］．数量经济技术经济研究，2021，38（5）：39 – 56.

［13］秦臻，倪艳，孙亚杰．湖北省绿色全要素生产率测算及影响因素分析［J］．统计与决策，2019，35（12）：139 – 142.

［14］滕泽伟．中国服务业绿色全要素生产率的空间分异及驱动因素研究［J］．数量经济技术经济研究，2020，37（11）：23 – 41.

［15］王凯风，吴超林．中国城市绿色全要素生产率的时空演进规律——基于 Global Malmquist – Luenberger 指数和 ESDA 方法［J］．管理现代化，2017，37（5）：33 – 36.

［16］王奇，王会，陈海丹．中国农业绿色全要素生产率变化研究：1992—2010 年［J］．经济评论，2012（5）：24 – 33.

［17］王贤彬，陈春秀．经济增长目标压力与制造业发展质量——基于绿色全要素生产率的测算与计量分析［J］．宏观质量研究，2021，9（3）：50 – 69.

［18］谢里，王瑾瑾．中国农村绿色发展绩效的空间差异［J］．中国人口·资源与环境，2016，26（6）：20 – 26.

［19］杨文杰，巩前文．城乡融合视域下农村绿色发展的科学内涵与基本路径［J］．农业现代化研究，2021，42（1）：18 – 29.

［20］于善波，张军涛．长江经济带省域绿色全要素生产率测算与收敛性分析［J］．改革，2021（4）：68 – 77.

［21］余奕杉，卫平．中国城市绿色全要素生产率测度研究［J］．生态经济，2021，37（3）：43 – 52.

［22］张瑞，孙夏令．中国省域物流业绿色全要素生产率的演进及溢出［J］．商业研究，2020（3）：29 – 38.

洞庭湖湿地绿色发展的
驱动因素*

内容提要：以1950~2019年洞庭湖湿地面积和6个潜在驱动因素的15个指标数据为基础数据，应用Tobit模型，分析各驱动因素对洞庭湖湿地面积减少的驱动因素。结论显示其主要因素是城镇化率增大、耕地面积增加、居民地面积增加、人口总量增加和区域内居民人均纯收入提高等。

关键词：洞庭湖；湿地面积；绿色发展；驱动因素；Tobit模型

核心观点：

（1）洞庭湖区人口总量增加及城镇化率提升是影响洞庭湖湿地面积减少的重要因素。

（2）洞庭湖区经济增长中第二产业与第三产业比重的提升对洞庭湖湿地面积的增多具有明显正向影响，有利于洞庭湖对湿地生态系统面积保护和生态修复。从而说明，虽然工业发展在工业废水、废气、烟尘排放量等存在着对生态环境污染，但是在有效处理的情况下，洞庭湖区的工业化程度的提高不但没有导致湿地面积减少，反而有利于洞庭湖湿地生态系统面积的保护与恢复性增加。

（3）洞庭湖区居民人均纯收入提高，导致了洞庭湖湿地面积萎缩，证明在一定程度上湖区居民建立对在湿地资源开发基础上的生产收入来源存在依赖性。

---

　　* 本文是湖南省社科基金智库专项重点项目（21ZWB01）、湖南省教育厅社科基金项目（20C0772、19C1032）、湖南省哲学社会科学规划一般项目（XSP20YBC051）的阶段性成果。

一、引言

湿地（Wetland）多水和过湿的情况形成的自然生态系统，又称"自然之肾"。湿地生态系统之中的生物在特定环境要素中相互作用而构成一定功能和作用的动态均衡生态。

当湿地生态系统中的主要因素发生变化，便会影响其系统功能和价值的整体和演化趋势，并导致系统性蝴蝶效应，本质而言是水域与陆地的结合带，构成了地球三大自然生态系统之一，具有特殊的生态功能与价值。湿地面积的特点、湿地的土壤情况和湿地的气候变化是影响湿地生态环境的基本因素，因此，研究维护、影响、驱动湿地面积变化、湿地土壤情况及湿地气候变化是认识湿地生态系统演化的客观依据的连锁演化，也影响湿地生态系统的演替和发育，并直接影响到湿地生态系统中生物栖息、生存、繁殖空间的整体系统。例如，温室效应导致的全球气温升高，陆地降水量和水气循环系统就会发生变化。根据联合国气候变化专门委员会（Intergovernmental Panel on Climate Change，IPCC）第五次报告的数据，1880~2012年，地球表面温度平均升高了0.85℃，因而不可避免地引发干旱、洪涝等一系列不确定性的极端气候事件，直接或间接地影响着湖泊湿地水资源的供需平衡。还有，人类的活动也对湿地生态系统的湿地面积增减造成影响，其中大型的水利工程设施建设、工农业生产活动、城镇化率及居民的生活对土地利用等，都可能直接或间接影响着湿地生态系统的演替及湿地面积的变化。在水文情势、气候变化和人类活动的共同影响下，驱动着湖泊湿地面积的变化。研究显示，我国的两大淡水湖泊洞庭湖和鄱阳湖，就由于地球气候变化、大型水利工程建设及城镇化和工业化而出现了滩涂裸露、面积萎缩。当前，湿地面积变化及保护研究已逐渐成为湿地生态系统保护的关键科学问题。

湿地生态系统的面积演化，影响着湿地生态系统服务的功能和价值，制约了湿地的生物多样性功能和价值，及湿地对气候的调节、湿地调蓄洪水及水质自净的功能和价值。由于当前湿地的水文变化、泥沙淤积、洲滩变迁的客观因素约束，湿地面积萎缩成为导致湿地生态系统功能退化的主要生态环境问题之一。由此可知，洞庭湖湿地生态系统由于湖区的水利工程建设、围垦农田、湖区城镇化率提升及荆江河道的裁弯取直，导致洞庭湿地面积的萎缩。洞庭湖的气候调节、水净功能、蓄泄能力、水生生物多样性、湿地功能以及水资源供需状况随之发生变化。

二、文献综述

学术界对湿地生态系统面积的演化驱动因素研究关注较早。学者的研究方向首先从分析湿地面积萎缩的根本驱动因素分析开始，到20世纪70年代，转向研究多重因素作用下的湿地萎缩及驱动因素之间的相互关系，因此提出了生态环境影响（Impact）、人口数量（Population）、财富状况（Affluence）、技术水平（Technology）四者之间乘积的IPAT模型。学术界在此基础上，开始关注影响湿地生态系统面积演化的人口、财富和技术以外的驱动因素，研究者发现生态系统演变的根本原因在于各驱动因素之间的综合作用。世界经济合作与发展组织（OECD）提出的"驱动力—压力—状态—影响—响应"评估框架主要是从生态系统与经济社会可持续发展、生态系统的功能与价值评估、生态环境保护的决策机制等关键的驱动因素进行研究。综合学术界的研究成果，比较一致的结论是气候演化、水利设施建设、水质污染、围垦与过度捕捞等严重影响着湿地生态系统的演化，导致湿地面积萎缩。国际上Millennium Ecosystem Assessment（MEA）组织表明人类活动的水利工程建设对湿地生态系统有着显著的影响，主要是改变了水循环、物质交换、生物生存环境。人类对湿地区域的土地利用方式调整、水利设施建设、农业开发等直接经济利益的生产方式成为湿地显著变化的最主要驱动因素，人类在湿地边缘填充从事农业生产或其他经济利益直接相关的活动具有很强的破坏性，人为地直接导致湿地面积萎缩，然后是道路建设和土地利用方式的改变；人口、经济、科技等驱动因素的变化主要受政策因素的调控，也成为人类影响湿地生态系统的根本原因，研究表明政策体制同样造成洞庭湖地区湿地大面积萎缩。我国对湿地生态系统面积演变的驱动因素从定性表达向定量分析转变，分析能力得到提高，但是定量分析中存在着驱动因素遴选不全面、评估测算方法不准确的问题，因而影响评估测算的科学性。

洞庭湖是我国的重要湿地之一，位于湖南省东北隅（北纬28°3′~29°31′，东经110°40′~113°10′）。历史上曾经是我国第一大淡水湖，但历经近百年演化，湿地面积逐渐萎缩，变成了第二大淡水湖泊。

洞庭湖湿地"涨水为湖、落水为洲"。关于洞庭湖南湿地面积的记载，最早见于宋代《舆地纪胜》的"洞庭八百里，幕阜三千寻"，即"八百里（约5480平方千米）洞庭"的由来。元大德年间（1297~1307年）的《元时期洞庭湖图》测算出的洞庭湖面积为5531平方千米，是历史上有关于洞庭湖面积记载的最大时期。《洞庭湖历史变迁地图集》从空间演变方面系统研究了洞庭湖面积变化的图集，绘制了自古云梦泽记载到 1995 年 21 个不同时期洞庭湖湿地面积变化图，但 1995 年前的 100 年间只编辑了 4 幅图；王俊乐采用了 1949 年、1998 年、2008 年和 2013 年的数据研究了 1949～2013 年洞庭湖湿地堤垸的空间分布情况进行的空间分析，连续性的演化过程还存在一定的不完整性；《湖南省水文志》采用了 1825 年、1896 年、1949 年、1954 年、1958 年、1978 年和 1995 年的数据来研究洞庭湖湿地面积的演化，目前最具权威性，上述对于洞庭湖湿地面积演化研究的测算数据依据来源于洞庭湖湿地面积因洪道整治、堵支并流、缩短防洪堤线对面积影响的工程实测统计。从研究的历史时序来分析，虽然缺少民国时期、20 世纪 60 年代及 21 世纪以来的面积统计数据，但是对于洞庭湖湿地生态系统面积的时空演化有整体的概括。关于洞庭湖湿地生态系统面积未来的时空演化趋势，学术界有不同的观点，濮培民、王克英、李长安等认为洞庭湖湿地生态系统最终将走向消亡；童潜明、梁杏、皮建高等则认为洞庭湖湿地生态系统面积会趋向于扩大。贺秋华、余德清等的研究结论是自 1998 年以来洞庭湖面积处于稳定状态，认为即使长江三峡工程运行后也对洞庭湖湿地生态系统面积没有产生明显影响，但由于学者们站在不同的视角、对湿地面积的学术定义不同、对湿地生态系统边界勘定不一致、采用不同的数据、运用不同的分析工具和方式，所以对于洞庭湖湿地生态系统面积演变趋势的研究结论大相径庭。学者从不同时期的地图呈现的水域面积预测洞庭湖湿地面积，大多数学者主要是依据历史泥沙淤积数据研究洞庭湖湿地面积，还有学者通过历年遥感影像情况来统计分析洞庭湖湿地面积。人类的农业围垦、大堤围限等因素都影响着洞庭湖湿地面积的演变趋势。这些研究从定性和统计的角度研究了洞庭湖湿地生态系统面积的演化情况，纳入洞庭湖演化历史变迁的空间格局来分析的相对比较少。因此，系统地研究洞庭湖湿地生态系统面积自清末以来的时空演化特征对治理洞庭湖湿地生态系统、预测未来洞庭湖湿地生态系统面积演变趋势十分必要。

本文运用 Tobit 模型，对洞庭湖湿地生态系统面积演化情况进行分析，为服务洞庭湖区生态修复、环境保护、治湖措施提供科学依据。

三、研究区域概况

洞庭湖湿地生态系统区域位于长江中下游，涉湘鄂两省，包括湖南省常德市、岳阳市、益阳市和长沙市望城区范围，湖北省荆州市，洞庭湖区总国土面积约 3.2 万平方千米，其中盆地面积 1.88 万平方千米、湖南境内 158.08 平方千米、湖北境内 0.36

万平方千米。洞庭湖湿地面积 1825 年超过 5531 平方千米，1949 年减少到 4392 平方千米，1998 年时只剩下 2692 平方千米。从 1999 年至今保持在 2700 平方千米。

洞庭湖湿地是外围高耸、中部低平、向北开口的碟形盆地，地表平坦，洞庭湖湿地生态系统在湖南承接自身流域的湘江、资江、沅江、澧水、汨罗江和新墙河尾闾来水，同时接纳荆江耦池、松滋、太平的分流来水，在沉淀水质自净后注入长江。洞庭湖湿地受长江中下游季节性水位涨落影响特别明显，是典型的调节长江中下游洪水的蓄泄湖泊。洞庭湖多年来年均水量保持在 2843×10^8 立方米水平，占注长江年均总水量的 31.83%，是鄱阳湖的 3 倍、太湖的 10 倍，因而是长江中下游地区的防洪屏障。

四、数据和方法

（一）数据来源

本文的基础统计数据来源于 1949～2019 年湖南省统计年鉴和常德市、岳阳市、益阳市和长沙市望城区的经济社会统计公报，及基于湖南省图书馆珍藏的清末《洞庭湖全图》，湖南省遥感中心存档的 1930～1935 年的地形图、1954 年苏联获取的航空相片、20 世纪 70 年代以来研究机构的各类遥感数据，本文对于部分缺失的数据，通过趋势外推和线性插值的方法计算得到。表 1 为 1898～2019 年洞庭湖湿地面积变化。

表 1　1898～2019 年洞庭湖湿地面积变化　　　　　　单位：平方千米

序号	年份	东洞庭湖	南洞庭湖	目平湖	七里湖	合计
1	1898	—	—	—	—	5217.37
2	1911	—	—	—	—	4932.86
3	1935	2130.02	1349.66	1015.92	67.51	4563.11
4	1949	2057.12	1297.20	973.31	64.84	4392.47
5	1954	1754.17	1174.50	915.24	92.22	3936.13
6	1958	—	—	—	—	3141.00
7	1968	1494.49	931.18	524.09	80.04	3029.80
8	1973	1441.74	911.74	428.32	68.42	2850.22
9	1978	1307.42	911.74	420.24	86.42	2707.84
10	1983	1307.42	900.05	419.77	66.40	2693.40
11	1987	1307.18	900.05	419.77	66.40	2693.40

序号	年份	东洞庭湖	南洞庭湖	目平湖	七里湖	合计
12	1998	1307.18	898.89	419.77	66.40	2692.24
13	1999	1307.18	898.89	427.81	66.40	2700.28
14	2000	1307.18	899.97	427.87	66.40	2701.42
15	2002	1307.18	901.29	427.87	66.40	2702.74
16	2007	1307.18	901.29	427.87	66.40	2702.74
17	2014	1307.18	901.29	427.87	66.40	2702.74
18	2019	1307.18	901.29	427.87	66.40	2702.74

（二）Tobit 模型分析

Tobit 模型广泛运用于研究被解释变量存在受限制情况、极值情况的计量分析。周华林等对该模型进行过详细的研究。本文将洞庭湖的湿地面积作为模型的解释变量，湿地生态系统面积与湿地生态系统的生态功能、服务价值及生物多样性服务有显著正相关关系，研究中把湿地面积与各驱动因素纳入同一时间维度，可以对数据的可获得性和连续性进行对应，从而清晰辨析各驱动因素的影响程度。

研究中，Tobit 模型为：

$$y_i = \beta x_i + se_i \tag{1}$$

式（1）中，y_i 为洞庭湖湿地生态系统面积，x_i 为驱动洞庭湖湿地生态系统面积变化的影响因素，β 为驱动因素影响系数，s 为随机变量系数，e_i 为随机变量；假如洞庭湖湿地面积变化为 0，取 $y_i = 0$，此时称 y_i 受限。

（三）驱动因素选取和理论假设

驱动因素总体上分为两大类，即自然驱动因素和人类活动驱动因素。本文选取自然驱动因素与人类活动驱动因素的 6 大驱动因素、15 个代表性指标（见表 2）进行分析，自然驱动因素主要是气候因素，人类活动驱动因素主要包括生态环境污染、人口变化、经济变化、技术变化、土地利用变化等因素，根据设计提出相应理论假设。

假设一：自然驱动因素中的气候因素变化影响洞庭湖湿地生态系统面积演化，气温升高时会导致湿地蒸发量的增加，反之则减少。降水量的变化影响湿地面积变化，如降水量增加则湿地面积增加，降水量减少导致湿地补水量减少，因而导致加速湿地面积的萎缩。

假设二：人类活动驱动因素中人口因素的变化影响着洞庭湖湿地生态系统面积的

表2　洞庭湖生态系统湿地面积演化的驱动因素

驱动因素		指标
自然驱动因素	气候因素	气温(x1)，降水量(x2)
人为驱动因素	人口因素	人口数量(x3)，城镇化率(x4)
	经济因素	国内生产总值(x5)，第二产业比重(x6)，第三产业比重(x7)，居民人均纯收入(x8)
	技术因素	农业机械总动力(x9)，单位面积粮食产量(x10)
	土地利用因素	耕地面积(x11)，居民地面积(x12)，工业化土地使用面积(x13)
	环境污染因素	工业废水、废气、烟尘排放量(x14)，农药化肥施用量(x15)

演化，假设人口数量增加会加剧湿地面积萎缩，因为人口增加必然使耕地、居住地和其他生产生活公共配套设施用地增加，从而对湿地面积构成威胁。相反，如果洞庭湖区域内的人口数量减小，对湿地生态系统面积的减少威胁将变小。

假设三：人类活动驱动因素中经济因素的变化影响着洞庭湖湿地生态系统面积的演化分两种情况。一种是由于经济粗放性发展需要索取湿地的土地资源、水资源、湿地生物资源等，许多发展中国家面临着这样的局面；另一种是由于经济集约化、创新型，虽然经济总量不断增长，但是已过了过分依赖湿地及相关自然资源发展经济的阶段，因而不会导致湿地面积的减少，反而会因为经济的发展，有了更多的经济能力来治理和保护湿地生态系统，湿地生态系统面积会趋向于逐渐恢复和增加。

假设四：人类活动驱动因素中技术因素的变化影响着洞庭湖湿地生态系统面积的演化同样存在两种情况。一种是使用优良的粮食品种使单位耕地面积的产量提高从而减少对耕地面积的需求；使用先进农用机械总动力提高粮食单位面积收成率，降低生产等量粮食所需的耕地面积，解决与湿地面积的冲突。另一种是使用优良的粮食品种增加了对原来不适应播种地面积的开发，同样是使用先进的农用机械会加快对原来不适宜耕作的土地开发，因而导致湿地面积的萎缩。

假设五：人类活动驱动因素中土地利用变化影响着洞庭湖生态系统湿地面积的演化。耕地面积扩张导致洞庭湖生态系统湿地面积萎缩，反之亦然。土地利用变化与政府土地利用政策直接相关，土地利用法规政策对湿地面积产生影响；洞庭湖区工业化程度的提高、工业使用土地面积的增加导致湿地面积萎缩。

假设六：人类活动驱动因素导致的生态环境污染直接影响洞庭湖生态系统湿地面积的演化。工业的废水、废气、烟尘排放量增加，使湿地面积显著减少、水体受到污染；农业经济发展中大量化肥、农药的施用同样造成生态环境污染、土壤污染、水体污染，加速湿地面积萎缩。

五、研究结果与分析

1950～2019 年洞庭湖湿地生态系统面积演化的最主要数据是：中华人民共和国初期是4392.47平方千米，1950～1958年洞庭湖湿地面积由4392.47平方千米减少至3141.00平方千米，为陡崖萎缩时期，年均减少139.05平方千米。1959～1978年洞庭湖湿地面积由3141.00平方千米减少至2707.81平方千米，为快速萎缩期，年均减少21.66平方千米。1979～2019年是洞庭湖湿地面积的稳定期，国家政策停止围垦，洞庭湖湿地面积仅减少5.10平方千米。当前，洞庭湖湿地面积基本稳定，并有缓慢恢复趋势；洞庭湖区域内耕地面积基本稳定，可见，洞庭湖湿地生态系统的生态环境治理与保护发挥着重要作用。表3的15个代表性指标中，城镇化率增加、湖区人口总量增加、耕地面积增加、居民人均纯收入提高、湖区工业化使用土地面积增加这5个指标导致洞庭湖湿地生态系统面积显著萎缩。

表3　1950～2019年影响洞庭湖湿地生态系统面积演化驱动因素的 Tobit 模型模拟结果

指标	影响系数	标准误差	p
气温	−0.148	0.274	0.055
降水量	−0.004	0.004	0.074
人口总量	−0.067***	0.014	0.002
城镇化率	−0.086**	0.322	0.011
国内生产总值	0.014	0.006	0.077
第二产业比重	0.342***	0.102	0.004
第三产业比重	0.276***	0.103	0.003
湖区居民人均纯收入	−0.004**	0.004	0.046
农用机械总动力	0.008	0.006	0.413
单位面积粮食产量	0.004***	0.002	0.005
耕地面积	−0.424***	0.024	0.007
工业使用土地面积	−0.006**	0.004	0.046
居民土地面积	−0.255***	0.602	0.003
工业废水、废气、烟尘排放量	0.005	0.004	0.032
农药化肥施用量	-1.58×10^{-5}	0.000	0.297
常数项	388.785	24.462	0.007

注：**和***分别表示5%、1%的统计显著性，似然对数值为−24.521；残值平方和为7.896。

研究表明，自然客观驱动因素的气候因素中，气温的变化和降水量的变化对洞庭湖湿地生态系统面积的影响系数是负值，没有通过显著性检验，该因素对洞庭湖生态系统面积演化没有直接影响，理论假设不成立。

在人类活动驱动因素中，人口总量、城镇化率的影响系数为负值，通过模型显著性检验，研究表明这两个驱动因素导致洞庭湖湿地生态系统面积萎缩，与理论假设一致；经济因素的第二产业比重、第三产业比重的影响系数为正值，通过模型显著性检验，对洞庭湖湿地生态系统面积演化没有直接影响，对湿地生态系统面积保护和恢复性有益；经济因素居民人均纯收入的影响系数为负值，通过显著性检验，说明居民人均纯收入水平提高，导致了湿地面积萎缩，证明一定程度上湖区居民对建立在对湿地资源开发基础上的生产收入来源存在依赖性；其中土地利用变化因素的湖区工业用地面积增加、耕地面积增加、居民土地面积增加，对湿地面积的影响系数为负值、绝对值较大，通过了显著性检验，是导致洞庭湖湿地生态系统面积萎缩的关键因素，而耕地面积增加、工业土地利用面积是最主要原因；技术影响因素中，农用机械总动力、单位面积粮食产量对洞庭湖湿地面积的影响系数为正值，通过了显著性检验，该因素没有导致湿地面积减少，而且越是随着农用机械技术进步与单位面积粮食产量提高，越有利于洞庭湖湿地生态系统面积的保护与恢复；生态环境污染因素中，工业废水、废气、烟尘排放量的影响系数为正值，通过了显著性检验，说明湖区的工业化程度的提高没有导致湿地面积减少反而有利于洞庭湖湿地生态系统面积的保护与恢复性增加；农药化肥施用量这个指标对湿地面积的影响系数为负，没有通过显著性检验，无直接影响，理论假设不成立。

六、研究结论

研究模型中选取了两大驱动影响因素的 6 个核心因素和 15 个指标进行分析，其中人口、经济和土地利用这 3 个因素中的人口总量、城镇化率、湖区居民人均纯收入、耕地面积和居民土地面积、工业用地面积这 5 个指标是影响洞庭湖湿地生态系统面积萎缩的直接驱动因素。这 5 个指标导致了面积的明显减少，而耕地面积增加是湿地面积减少的最主要原因。研究发现，湖区的单位面积粮食产量的提高、湖区的工业化程度的提高、农用机械生产水平的提高、经济总量是第二产业与第三产业水平的提高都有利于洞庭湖湿地面积的保护和恢复。

参考文献

［1］ Asselen S. , Verburg P. , Vermaat J. , et al. Drivers of Wetland Conversion：A Global Meta – Analysis ［J］. PloS one, 2013, 8（11）：1292 – 1304.

［2］ Barbier B. Links between Economic Liberalization and Rural Resource Degradation in the Developing Regions ［J］. Agricultural Economics, 2000, 23（3）：299 – 310.

［3］ Du Y. , Xue H. P. , Wu S. J. , et al. Lake Area Changes in the Middle Yangtze Region of China over the 20th Century ［J］. Journal of Environmental Management, 2011, 92（4）：1248 – 1255.

［4］ Hua S. , Jie L. , Zeng G. , et al. How to Manage Future Groundwater Resource of China under Climate Change and Urbanization：An Optimate Atage Investment Design from Modern Portfolio Theory ［J］. Water Research, 2015（85）：31 – 37.

［5］ Laurance S. , Baider C. , Vincent Florens F. , et al. Drivers of Wetland Disturbance and Biodiversity Impacts on a Tropical Oceanic Island ［J］. Biological Conservation, 2012, 149（1）：136 – 142.

［6］ Li K. F. , Zhu C. , Huang L. Y. Problems Caused by the Three Gorges Dam Construction in the Yangtze River Basin：A Review ［J］. Environmental Reviews, 2013, 21（3）：127 – 135.

［7］ Millennium Ecosystem Assessment. Ecosystems Services and Human Well – being：Wetlands and Water Synthesis ［R］. World Resources Institute, Washington D. C. , 2005.

［8］ Nelson G. , Bennett E. , Berhe A. , et al. Anthropogenic Drivers of Ecosystem Change：An Overview ［J］. Ecology and Society, 2006, 11（2）：29 – 33.

［9］ Rounsevell M. , Dawson T. , Harrison P. A Conceptual Framework to Assess the Effects of Environmental Change on Ecosystem Services ［J］. Biodiversity and Conservation, 2010, 1919（10）：2823 – 2842.

［10］ Stern D. Progress on the Environmental Kuznets Curve ［J］. Environment and Development Economics, 1998, 33（2）：173 – 196.

［11］ Yuan Y. , Zhang C. , Zeng G. , et al. Quantitative Assessment of the Contribution of Climate Variability and Human Activity to Streamflow Alteration in Dongting Lake, China ［J］. Hydrological Processes, 2016, 35（12）：70 – 95.

［12］ Zhang L. , Wang M. H. , Hu J. , et al. A Review of Published Wetland Research, 1991 – 2008：Ecological Engineering and Ecosystem Restoration ［J］. Ecological Engineering, 2010（36）：973 – 980.

［13］ 贺秋华, 余德清, 余姝辰等. 三峡水库运行前后洞庭湖水资源量变化 ［J］. 地球科学, 2021, 46（1）：293 – 307.

［14］ 湖南省国土资源厅. 洞庭湖历史变迁地图集 ［M］. 长沙：湖南地图出版社, 2011.

［15］ 湖南省水文水资源勘测局. 湖南省水文志 ［M］. 北京：中国水利水电出版社, 2006.

［16］ 李景保, 王克林, 秦建新等. 洞庭湖年径流量泥沙的演变特征及其动因 ［J］. 地理学报, 2005, 60（3）：503 – 510.

［17］ 苏岑. 洞庭湖演化变迁的遥感监测数学模型 ［J］. 国土资源遥感, 2016, 28（1）：178 –

182.

　　［18］王俊乐．洞庭湖区堤垸1949—2013空间分布数据集［J］．全球变化数据学报，2017，1（1）：93－99.

　　［19］魏强，杨丽花，刘永等．三江平原湿地面积减少的驱动因素分析［J］．湿地科学，2014，12（6）：767－773.

　　［20］易波林．三峡水库运行前后洞庭湖湖容变化遥感研究［J］．科学技术创新，2018（11）：10－12.

　　［21］余德清，余姝辰，贺秋华等．联合历史地图与遥感技术的洞庭湖百年萎缩监测［J］．国土资源遥感，2016，28（3）：116－122.

　　［22］余姝辰，王伦，夏卫平等．清末以来洞庭湖区通江湖泊的时空演变［J］．地理科学，2020，75（11）：2347－2355.

　　［23］余姝辰，余德清，王伦澈等．三峡水库运行前后洞庭湖洲滩面积变化遥感认识［J］．地球科学，2019，44（12）：4275－4283.

　　［24］袁玉洁．变化环境下洞庭湖水文情势的演变及湿地保护研究［D］．长沙：湖南大学，2017.

　　［25］中华人民共和国水利部．中国河流泥沙公报（2018）［M］．北京：中国水利水电出版社，2018.

　　［26］周华林，李雪松．Tobit模型估计方法与应用［J］．经济学动态，2012，55（4）：105－119.

绿色金融助力湖南先进
制造业高地建设的对策研究*

内容提要："三高四新"战略将新时代湖南在全国大局中的角色定位、使命担当提升到了一个前所未有的高度，构成了"十四五"乃至更长时期湖南发展的指导思想和行动纲领。其中，打造国家重要先进制造业高地被摆到了各项任务要求之首，体现了把发展经济着力点放在振兴实体经济上、建设制造强国、加快发展现代产业体系的鲜明导向。绿色金融在湖南先进制造业高地建设中扮演着至关重要的角色，在相关政策的引导下，通过一系列金融产品和服务促使资金从高污染、高能耗产业流向低碳环保的绿色领域，为构建绿色制造体系提供保障。本文从先进制造业的生态化生产方面着手，分析了绿色金融助力湖南先进制造业高地建设的机制，结合湖南的现状和主要挑战给出了针对性的策略，推动湖南制造业高质量发展。

关键词：绿色金融；"三高四新"战略；先进制造业高地；对策研究

核心观点：

（1）建设先进制造业目的在于实现信息化、自动化、智能化、柔性化、生态化生产，绿色金融在先进制造业高地建设中的作用主要体现在实现制造业的生态化生产，即绿色制造方面。

（2）绿色项目具有投资需求大、回报周期长、公益性明显等特征，企业和银行出于盈利的目的并不会主动考虑项目是否"绿色"，因此绿色金融的落实需要政策的引导和推动。

（3）湖南的绿色金融业务以发放绿色信贷为主，并开发和创新了各种抵质押产品，

---

　*　本文是湖南省自然科学基金青年项目（2020JJ5167）、湖南省教育厅优秀青年项目（19B207）的阶段性成果。

绿色债券虽然发展了好几年，但是发行规模偏小且增长速度极慢。2021年上半年，各省发行贴标绿色债券规模（不含资产支持证券）排名前五的省份分别是北京、江苏、广东、重庆、浙江，而湖南的发行规模仅5.7亿元，在其中排名倒数。

（4）以征信系统为基础引入绿色信息披露要求，加速构建环保信用体系和信息共享库，可以提高金融机构识别绿色金融风险的能力，在一定程度上缓解中小型企业的融资困难问题。

一、引言

实体经济是一国经济的立身之本，制造业更是其中的关键，经济发展任何时候都不能脱实向虚。近年来，随着"绿水青山就是金山银山"观念的不断深化，绿色金融在国内蓬勃发展，"30·60"目标即双碳目标的提出更是将绿色金融推上了又一发展大风口。截至2020年末，中国绿色贷款余额约1.8万亿美元，绿色债券存量约1250亿美元，规模分别位居世界第一和第二，这也大大增强了其服务于实体经济的能力。

先进制造业与绿色金融之间有着紧密的联系，制造业通过吸收高新技术成果，应用于产品研发设计、生产制造、营销管理全过程，实现信息化、自动化、智能化、柔性化、生态化生产，绿色金融的作用则主要体现在实现制造业生态化生产，也即绿色制造方面。绿色金融将生态环境保护、可持续发展等理念引入金融活动中，其目的在于通过金融手段加强对绿色项目、绿色产业的支持，并限制"两高一剩"项目及产业的发展。工业化生产在为社会带来巨大财富、提高人民物质生活水平的同时，也导致资源的大量消耗和浪费，严重破坏了人们赖以生存的生态环境，反过来制约人们生活质量的进一步提高。生态化生产尽管在短期内放缓了制造业的发展速度，但是却践行了绿色低碳发展的理念，推动生态环境改善的同时也促进了经济发展质量的提高，是一种可持续的发展方式。

2020年9月，习近平总书记来湖南考察，勉励湖南实施"三高四新"战略，并将打造国家重要先进制造业高地摆在各项任务要求之首，具体来说，要突出湖南产业特色，加快优势产业链长板、补短板，瞄准世界一流打造工程机械、轨道交通装备产业集群。在现如今的发展新常态下，制造业不能只考虑短期的效益，而应该朝着可持续化的高质量方向转型，构建绿色制造体系。在这一过程中必须发挥绿色金融引导和优化金融资源配置的作用。因此对绿色金融助力湖南先进制造业高地建设的策略研究显得尤为重要。

二、绿色金融助力湖南先进制造业高地建设的机制

传统制造业一直以来是我国工业的主体，也是湖南的主要经济支柱。随着我国经济向高质量发展转变，生态环境成本被纳入经济运行成本。自 2018 年 1 月 1 日起，《中华人民共和国环境保护税法》正式施行，取消了对企业排污费的征收，而是改为征收环境保护税。在"费改税"的推动下，存在大量高污染高能耗企业的传统制造业要承担更大的税负成本，向先进制造业尤其是绿色制造转型的步伐刻不容缓。根据国内各省市经验，绿色金融助力湖南先进制造业高地建设依循"政策引导—地方落实—金融机构配合—审核监管—绿色制造"的机制运行，绿色金融为制造业转型升级提供资金支持。

（一）政策引导是基本前提

绿色金融与传统金融中的政策性金融有相似之处，即它的实施和发展需要政府政策的引导和规范。传统金融业在现行政策和"经济人"思想引导下，或者以经济效益为目标，或者以完成政策任务为职责，后者就是政策推动型金融。生态环境资源属于公共产品，绿色环保活动具有显著的正外部性，而企业开展绿色项目所产生的生态效益价值尚未有相应转化机制使其从中获益，这就导致企业更愿意从事经济效益高的活动，而不重视具有生态效益的绿色项目。除非有政策规定，否则企业不会转变发展方式，以营利性为经营原则的银行也不可能主动考虑贷款企业的生产或服务是否具有生态效益。因此，政策引导是绿色金融助力制造业绿色转型的开端，也是必不可少的环节。

2015 年 5 月，国家明确指出要坚持把可持续发展作为建设制造强国的重要着力点，全面推行绿色制造，构建高效、清洁、低碳、循环的绿色制造体系，走生态文明的发展道路。紧随其后，为组织实施好绿色制造工程，开展绿色制造体系建设，工信部在 2016 年制定《绿色制造工程实施指南（2016—2020 年）》和《工业和信息化部办公厅关于开展绿色制造体系建设的通知》。以企业为主体，以绿色标准为引领，以绿色产品、绿色工厂、绿色工业园区、绿色供应链为重点，以绿色制造服务平台为支撑，推行绿色管理和认证，加强示范引导，全面推进绿色制造体系建设。同年，央行出台了《关于构建绿色金融体系的指导意见》，旨在引导资本从高污染高耗能行业流向绿色环保产业，为构建绿色制造体系保驾护航。

（二）地方落实是必要路径

在制造业绿色转型升级有了政策的支持后，还需要地方政府对政策的落实。制造业生态化生产在短期内会使企业收益大幅降低，进而影响到政府的税收。而对于地方政府而言，税收是其主要的财政收入来源，地方政府官员的晋升也与税收上缴紧密相关，这就有可能导致短视行为的出现。地方政府对政策的落实程度达不到要求，会严重制约绿色金融的发展水平，阻碍制造业的转型进度，这其中涉及中央与地方政府间的博弈。

湖南相关部门持续推动淘汰落后产能和新旧动能转换工作，近几年在能源消耗总量持续增长的同时，全省单位 GDP 能耗呈下降趋势（见表 1）。2019 年全省单位 GDP 能耗下降 4.29%，下降幅度居全国第六位，而受到新冠肺炎疫情的影响，2020 年湖南经济增长速度明显降低，单位 GDP 能耗下降幅度也因此放缓，但仍以 1.71% 的能源消费增速支撑了全省 3.8% 的经济增长（见图 1），为进一步推动节能降耗、绿色发展、落实碳达峰目标、经济高质量发展贡献了积极的力量。

表1　2016～2020 年湖南能源消耗指标

指标＼年份	2016	2017	2018	2019	2020
单位 GDP 能耗上升或下降（±%）	-5.27	-5.17	-5.17	-4.29	-1.98
能源消费总量增速（%）	2.29	2.39	2.26	2.94	1.71
单位 GDP 电耗上升或下降（±%）	-4.32	-2.07	2.33	-0.68	-0.28

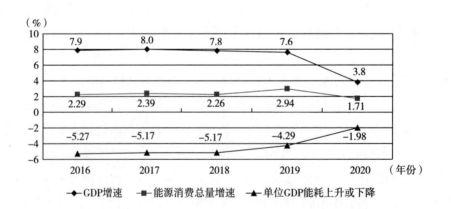

图1　2016～2020 年湖南经济增长与能源消耗指标趋势

"十三五"时期，湖南单位规模工业增加值能耗下降幅度已经超过 20%，提前且超额完成工信部下达的"十三五"时期累计下降18%的目标任务。而在2021年，也就是湖南实施"三高四新"战略的开篇之年，全省上半年规模以上高技术制造业增加值同比增长22.6%，转型升级态势良好。

（三）金融机构配合是关键支撑

绿色金融要服务于湖南制造业的转型升级，必然少不了金融机构的配合。金融机构在政策推动下发展和创新绿色金融工具和服务手段，聚集大规模资金并将其配置到绿色制造相关领域。除此之外，还能减少流向"两高一剩"行业的资金，间接达到去杠杆的目的，倒逼这类企业向低碳环保方向发展。常见的绿色金融工具有绿色信贷、绿色债券、绿色保险、绿色基金和碳金融等。

1. 绿色信贷

绿色信贷是银行等金融机构参与制造业绿色转型最主要的方式，在政策的约束和引导下，一方面对流向"非绿"行业的资金进行限制；另一方面加速资金流入绿色领域，培养企业的绿色经营意识。企业可通过自身信用或者抵质押品获取银行绿色贷款，银行则可以根据企业开展项目的绿色程度设定差异化利率。

2. 绿色债券

绿色债券为制造业企业开拓绿色直接融资渠道，除了金融机构发行的绿色金融债之外，符合相关要求的制造业企业可以用自身信用作为担保发行绿色债券，从金融市场中获取直接资金支持，为绿色项目提供更多的中长期融资，以此来匹配项目周期。

3. 绿色保险

绿色保险作为一种制度安排，以实现环境风险的分散、保障和补偿为目的，贯穿保险服务的事前评估、事中监督和事后保障的全过程。同时还能发挥保险资金规模大、期限长的优势，为绿色产业提供稳定资金支持。

4. 绿色基金

大多绿色项目都具有资金投入大且收益见效慢的特性，针对一些无力承担的企业设立绿色特别基金，通过市场化的运作方式，聚集社会闲散资金作为产业转型升级的坚实后盾。

5. 碳金融

碳金融是指服务于旨在减少温室气体排放的各种金融制度安排和金融交易活动，主要是以碳排放权为标的物进行现货、期货和期权等交易。在二级市场足够完善的情况下，一些未达到当年碳排放限额的企业可以将剩余的碳排放权出售给碳排放需求较大的企业，从而获取由节能减排带来的经济效益，也间接给高耗能高污染的企业带来额外的成本，对企业产生激励和约束的效果，进而达到控制碳排放总量的目的。

（四） 审核监管是风险盾牌

随着经济发展步入新阶段，金融业对实体经济的支持不断加大。而制造业作为实体经济的主体，行业里中小型企业偏多且需要的资金规模巨大，以间接融资为主的模式不再适应，直接融资的方式变得越来越重要。最近几年，绿色金融债不再是绿色债券发行的主流，发行规模占比从 2017 年的 59.5% 下降到了 2020 年的 11.6%，这表明实体企业已经取代金融机构成为绿色债券的发行主体。但是在直接融资主导的情况下，绿色金融中存在的信息不对称问题愈发严重，尽管随着信息技术和金融体系自身的发展有所缓解，但还是需要第三方机构的审核监管。表 2 为 2017~2020 年国内绿色债券发行类别。

表 2　2017~2020 年国内绿色债券发行类别

债券类别	2017 年		2018 年		2019 年		2020 年	
	规模（亿元）	数量（只）	规模（亿元）	数量（只）	规模（亿元）	数量（只）	规模（亿元）	数量（只）
绿色金融债	1234	44	1289.2	38	833.5	31	252	11
绿色企业债	316.6	22	213.7	21	479.6	39	447.4	46
绿色公司债	257.15	27	376.49	33	805.77	65	732.1	91
绿色债务融资工具	119	13	187.8	19	328	27	403	40
绿色资产证券化	146.05	67	137.34	86	509.55	177	337.11	90
合计	2072.8	173	2204.53	197	2956.42	339	2171.61	278

为服务区域碳达峰、碳中和，实现绿色高质量发展，2021 年 6 月 1 日，湖南湘潭市岳塘区成立首家绿色金融服务平台。通过组建专家研究团队，以"创新、绿色、和谐、共享"为理念，重点聚焦于绿色金融政策研究、绿色金融产品和服务创新以及审核监管等方面。

（五） 绿色制造是终极目的

在低碳环保发展的大趋势下，绿色制造是制造业国际竞争的焦点之一，也是绿色金融助力湖南先进制造业高地建设的最终目标。随着转型进度的推进，企业和项目对资金的依赖和需求程度越来越高，而在这一机制链下，首先，制造业企业和金融机构在政策引导和地方对政策的落实下，逐渐将生态环境保护要求纳入到经营活动中来，加大对绿色金融业务和绿色项目的重视。其次，金融机构的配合则为资金进入绿色金融市场提供了多元化的渠道，并限制对"两高一剩"行业的资金支持。最后，第三方机构的审核监管可以缓解由信息不对称导致的"漂绿"和资金挪用行为,确保绿色资金能切实支持到制造业转型升级中来。各个环节紧密相扣、相辅相成,促进制造业向低碳、生态、绿色方向发展,有利于实现经济效益、环境效益以及社会效益的有机统一。

三、现状分析

(一)发展现状

近年来,湖南坚持生态优先、绿色发展的理念,积极探索金融支持绿色产业发展的湖湘新模式。作为湖南最主要的绿色金融工具,绿色信贷发展迅速。以长沙银行为代表的各银行先后推出了排污权、能效信贷、合同能源管理未来收益权等多种抵质押贷款新方式。北京银行长沙分行推出专业性"节能贷"产品体系,以节能环保领域为信贷投放重点,并加强对"两高一剩"行业的贷款约束,持续推动湖南绿色信贷快速发展,绿色信贷余额达到3394.8亿元。除此之外,湖南还积极对接境外贷款,2020年10月,湘潭成为全国首个获批亚洲开发银行低碳城市试点项目主权贷款的城市,获得总计2亿美元的绿色项目贷款。湖南于2017年首次发行绿色债券,起步时间晚且发行规模较小,近三年的年均增速仅为3.31%,发展速度极为缓慢(见图2)。截至2020年末,全省绿色债券余额229.9亿元,其中,长沙银行、华融湘江银行发行绿色金融债25亿元,湖南高速公路集团等发行公司信用类绿色债204.9亿元,累计支持绿色制造等领域94个绿色项目,为全省绿色产业发展注入直接融资动能。

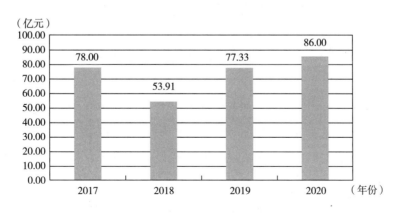

图2　2017~2020年湖南绿色债券发行规模

在制造业绿色转型方面，湖南将推进工业绿色制造作为落实生态文明精神的重要抓手和推动制造强省的重大任务，不断积极探索和创新，绿色制造体系建设初见成效。在《湖南省贯彻〈中国制造2025〉建设制造强省五年行动计划（2016—2020年）》《湖南省绿色制造工程专项行动方案（2016—2020年）》《湖南绿色制造体系建设实施方案》等一系列地方政策的支持下，湖南的金融机构和制造业企业的积极性被极大地调动了。企业逐渐转换发展动能，使用清洁能源，成本较之前大幅降低，同时需要缴纳的环境保护税也随之减少，环保的同时也能带来收益，而随着碳交易市场的落地，收益还将进一步扩大。截至2020年，全省已建成75家国家绿色工厂、7家国家绿色园区以及6家国家绿色供应链管理示范企业，入选国家绿色设计产品40个（见表3）。"十三五"期间，全省节约标准煤约1000万吨，减少二氧化碳排放2500万吨，直接节约能源费用150亿元。

表3　湖南国家级绿色制造名单　　　　　　　　　　　单位：家

	第一批	第二批	第三批	第四批	第五批	合计
绿色工厂	3	12	14	19	27	75
绿色园区	1	1	—	2	3	7
绿色设计产品	1	—	1	11	27	40
绿色供应链管理示范企业	1	—	1	1	3	6

2021年4月，中国人民银行牵头印发了《绿色债券支持项目目录2021年版》，统一了国内各绿色债券管理部门和各类绿色债券对绿色项目的界定标准，有效地降低了绿色债券的发行、交易和管理的成本，提升了绿色债券市场的定价效率。最重要的是，绿色装备制造被纳入绿色债券支持项目。装备制造业作为湖南首个万亿产业，得到绿色债券的支持将加快湖南先进制造业高地建设进度。

（二）主要挑战

1. 绿色金融政策体系不完善导致引导效果不佳

绿色金融是服务于实体经济高质量发展的一大利器，而"双碳目标"的提出以及碳交易市场的落地更是表明了绿色金融市场的巨大潜力。我国于2016年开始构建绿色金融体系，虽然经过几年时间的发展已经初显成效，但是一些相关的绿色金融政策体系却并不完善。

第一，绿色金融标准模糊。绿色金融的落地见效需要明确绿色金融标准，企业也要根据这个标准才能分辨哪些是绿色金融支持的绿色项目和绿色技术。2021年4月21

日，中国人民银行、国家发展改革委、证监会三部门联合发布《绿色债券支持项目目录2021年版》，标志着三家监管部门绿色债券识别标准实现了统一，更多绿色项目的上下游产业可参与到绿色债券市场中来，对于国家整体绿色低碳转型具有极大的促进作用。但除此之外，对绿色金融标准的其他成员（绿色信贷、绿色基金等）尚未做出明确规定，很难确保绿色资金是否切实流入到了绿色项目中，这可能会使绿色金融支持效果大打折扣。

第二，绿色债券所募集资金的投向限制较宽松。与国际绿色债券募集资金至多5%投向一般公司用途的标准不同，国内绿色债券募集资金的投向并没有受到较大的限制。具体来说，根据监管要求，绿色金融债、债务融资工具要求100%募集资金投向为绿色；绿色公司债至少70%；绿色企业债至少50%。也就是说，绿色公司债和绿色企业债用于一般用途的资金占比分别高达30%、50%。2020年末，湖南绿色公司债规模占绿色债券余额将近九成，而它们所募集的资金并非完全流入绿色项目。由此可以看出，虽然对资金的投入方向和规模做出了一定约束，但是绿色债券所筹集资金对绿色项目的真实投入效率并不是很高。

第三，缺乏对金融机构的有效激励支持政策。金融机构在绿色金融政策的引导下，通过绿色金融工具为绿色项目提供资金支持，助力湖南制造业绿色转型，但这是建立在金融机构配合的前提下的。事实上，湖南目前只有长沙银行、华融湘江银行、兴业银行等少数金融机构从事绿色金融活动，大多金融机构仍以获取经济效益为经营目标，导致对绿色项目的投资不足。其中一个重要原因就是金融机构缺乏开展绿色金融的内生动力。在湖南省政府下发的《关于促进绿色金融发展的实施意见》中仅仅针对绿色产业有相应的激励措施，而对金融机构并没有配套支持政策。

2. 信息非对称影响绿色金融落实成效

湖南在企业环境信息披露方面还处于起步阶段，绿色金融面临信息不足、信息不对称的难题。金融机构在考虑是否向绿色企业和项目融资时，往往要根据企业披露的环境信息来确定金融风险和收益。早在2012年，湖南省生态环境厅就印发了《湖南省企业环境行为信用评价管理办法（试行）》，尝试从环保信用体系建设方面着手，强化企业的环境信息披露。环保部门根据企业的环境行为信息，按照一定的评价标准和程序，对企业环境行为信用进行综合评价定级。2020年12月31日，省生态环境厅出台《湖南省企事业单位环保信用评价管理办法》，旨在切实推进环保信用体系建设，防范金融风险，提升金融服务于实体经济的能力，促进绿色金融高质量发展，并进行了初步探索。湖南华芯征信有限公司推出了"环保+征信+融资"的服务模式，归集企业披露的环保信息，帮助银行识别和筛选绿色企业及项目。数据库所采集的信息多达13716万条，涉及40个单位，累计提供信用报告查询5500余次。但是环保信息的录入存在时效性、完整性和充分性等方面的不足，影响金融机构在决策考量时准确客观地评估项目环境效益与风险，环保信用体系存在缺陷。再加上部分制造业企业环境信息披露机制不够健全，真实数据仍难以获取，导致信息不对称性问题仍然严重。

一方面，部分企业通过"漂绿"行为获取绿色资金。绿色项目具有较强的专业性，金融机构尚且不能很好地甄别，其他非专业的投资方只能凭借环保部门发放的证书和企业提供的书面材料来分辨。因此，一些高能耗、高污染项目通过虚假宣传或偷换概念等方式伪装成绿色项目，从而以较低的融资成本获取原本流向绿色产业的资金。据统计，2019 年中国绿色债券在募集资金使用上共有 56 亿元人民币的信息披露不足，高达 31% 的绿色债券尚未明确或尚未披露募集资金使用具体情况，而绿色债券信息披露的不足会导致投资者无法识别到"绿色"。

另一方面，企业获取绿色资金后可能发生资金挪用行为。在监管不当的情况下，一些企业在获得用于绿色项目的资金后，由于绿色项目需要的资金规模较大且见效时间较长，可能会将资金投向能带来更多经济效益的"非绿"项目中，导致了资金挪用行为的发生。相比于"漂绿"行为，资金挪用行为更难识别与监管，这两种行为在一定程度上降低了实际绿色资金供给。

3. 绿色金融服务能力不足制约绿色制造转型效率

《中国绿色金融发展研究报告（2020）》显示，绿色金融仍然没有扭转资金缺口逐年增大的趋势。根据中国人民大学绿色金融团队的核算，2019 年新增绿色金融需求为 20480 亿元，但 2019 年新增绿色资金供给只有 14300 亿元，2019 年新增绿色资金缺口 6180 亿元，绿色金融资金缺口仍然呈增大趋势。

一是绿色金融产品和服务的创新能力不足。湖南金融机构发布的绿色金融产品类型较少，以绿色信贷为主，并在此基础上开发各种抵质押产品，绿色债券近几年开始发展，但是规模还较小。绿色基金、绿色保险以及碳金融方面还处于起步阶段，导致资金难以进入绿色金融市场，制造业转型得不到长期资金的保障，而作为转型主力军的中小型制造业更是几乎没有获取绿色资金的渠道。造成这一问题的重要原因除了缺乏政策对金融机构的支持导致内生动力不足外，还在于金融机构中专门从事绿色金融业务的高素质人才十分匮乏，严重制约着湖南绿色金融事业的发展。

二是长期绿色资金供给不足。一方面，银行存在严重的期限错配问题。传统制造业的绿色转型升级是一个持久战，涉及的也大多是中长期项目，且绿色项目往往都是长期才能带来较大的收益，并产生环保正外部性，所以需要长期资金的支持。目前湖南的绿色金融业务还是以银行等金融机构提供的绿色信贷为主，而银行体系的平均负债期限只有 6 个月左右，这就使银行在发放长期贷款时容易出现期限错配问题，从而限制银行长期绿色信贷供给能力。另一方面，湖南绿色债券的发行规模较小。2016 年至 2021 年 6 月，人民币绿色债券发行主体主要集中在北京、福建、上海、广东、江苏、浙江等经济较发达地区，这六大省市合计发行量占比达 69.1%。2021 年上半年，23 个省份参与绿色债券发行，北京以 938 亿元的发行总额领跑全国；江苏、广东、重庆、浙江分别以 195.8 亿元、139 亿元、101 亿元和 99.2 亿元的发行总额位列第二至第五（见图 3）。而湖南上半年绿色债券发行规模仅 5.7 亿元，在其中排名倒数。绿色项目得不到长期资金的稳定支持难以达到预期效果甚至会在半途终止，严重影响企业对绿色项目的投资意愿。

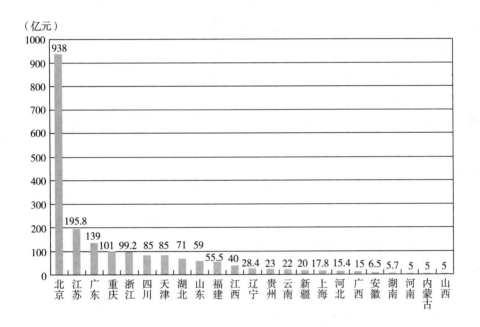

图 3　2021 年上半年各省份发行贴标绿色债券规模（不含资产支持证券）

四、对策建议

湖南"十四五"规划中提出全面推动绿色低碳发展，积极引导低投入、低消耗、低排放和高效率的现代产业发展，对重点行业和重点领域进行绿色化改造，降低碳排放强度，落实国家碳排放达峰行动方案。当下，产业结构升级是湖南由制造大省向制造强省转变的重要途径，也是湖南建设成国家重点先进制造业高地的关键所在，绿色金融在其中扮演着尤为重要的角色。针对目前绿色金融助力湖南建设国家重点先进制造业高地中存在的主要问题，应从以下三个方面着手，加快绿色制造体系的落地。

（一）健全政策体系，加强引导支持力度

一是加快对绿色金融标准的界定，尤其是对规模极大的绿色信贷的标准界定。明确可纳入绿色信贷范畴的投融资活动的具体名录和技术标准，统一出台绿色项目库入库标准，引导地方金融机构将绿色资金准确投向能带来正外部性的绿色企业和项目。为了确保绿色金融能实现环境治理目标，确保其在生态环境治理中发挥重要作用，还需要生态环境部门参与绿色金融标准的制定。同时，从法律层面入手，通过法律的强制性规范绿色金融市场，约束违反绿色金融标准的投融资活动，一旦发现金融机构或企业的投融资行为不符合标准，就要根据资金规模处以相应比例的罚款。除此之外，对金融机构发行的绿色金融产品进行信用评级下调，针对企业提高其以后开展绿色项目的融资成本。

二是强化对绿色债券募集资金的投向限制。国内外目前对于绿色债券标准还存在差异，不利于绿色债券的投资和交易活动。应逐步提高绿色企业债和绿色公司债募集资金投向绿色项目的比例，推进绿色债券标准的国际互认，强化其"绿色"属性，加快制造业企业的转型升级。同时出台相关配套支持政策，适当降低企业的机会成本，在提高资金绿色投入效率的同时，也在一定程度上减少资金挪用行为的发生。

三是多种政策协同，激励金融机构开展绿色金融业务。投入大且见效慢的绿色项目很难激起银行等金融机构的投资意愿，而且，绿色债券的投资收益率与普通债券相比并无明显优势，与金融机构营利性原则相悖。鉴于此，应该统筹协调货币、财政和税收等一系列政策给予金融机构适当的支持，包括财政补贴、降低银行上缴的准备金、下调中央银行的再贷款利率以及税收优惠等，引导其开展绿色金融业务，兼顾经济效益和环境效益。此外，还要设定一些硬性指标，将环保绩效纳入银行的绩效考核体系，以此来强化引导效果。

（二）强化审核监管，完善环保信用体系

一方面，深化湖南绿色金融服务平台的审核监管能力。在直接融资逐渐成为绿色金融市场中主要融资方式的趋势下，信息不对称问题只会愈发严重，绿色金融服务平台要严格按照绿色金融标准对绿色企业和绿色项目进行审核认证，为金融机构提供参考。金融机构根据企业信息披露情况，结合平台审核认证结果再考虑是否向绿色项目提供资金。与此同时，平台还要对资金使用进行全过程监管，确保绿色制造转型的高效率，缓解信息不对称问题，杜绝"漂绿"和资金挪用行为的发生。

另一方面，湖南应加速推进环保信用体系的构建。以覆盖全社会的征信体系为着

力点，引入绿色信息披露要求，对于信息披露不达标的企业和金融机构，在开展绿色项目和从事绿色金融业务方面将会受到一定的限制。此外，环保信用体系应该与湖南绿色金融服务平台联动，在平台上建立信息共享库，完善企业环境信息披露机制的同时帮助金融机构识别绿色金融风险。还要根据企业的环境信息披露程度和真实与否，结合审核监管结果，量化为企业绿色信用等级，达到一定信用等级的企业可适当降低绿色债券的发行门槛，并可以得到政府和金融机构的担保和支持，这也能为融资困难的中小型企业提供资金来源。

（三）广纳专业人才，拓展金融服务能力

一是为制造业绿色转型培养和引进复合型专业人才。一方面，依托现有学科基础，对高校金融专业学生进行更精细化的培养，开设绿色金融系列课程，灌输绿色低碳的观念。同时，商业银行等金融机构与地方高校密切合作，建立博士后科研流动站，吸纳高端金融人才，加强金融机构创新能力。另一方面，发挥长沙"房价洼地"的优势，配合人才计划吸引绿色金融领域高层次专业人才和团队入湘，为制造业绿色转型产品开发提供高端人力资本条件。

二是深化绿色金融对制造业的服务能力。首先，丰富绿色金融产品和服务，拓宽资金流入的渠道。金融机构设立专门的绿色金融部门，从期限匹配、资金需求特点等方面出发，重点聚焦湖南目前尚不成熟的绿色保险、绿色证券以及未来发展势头强劲的碳金融领域，创新和发展多元化绿色金融产品和服务，吸引更多资金流入绿色行业。同时，鼓励制造业尤其是装备制造业企业发行绿色企业债直接获取绿色资金，提高制造业企业绿色直接融资比重，为绿色项目提供稳定的资金来源，有效缓解项目与资金之间的期限错配问题引起的中长期资金供给不足，但是同时也要加强对绿色直接融资的审核监管。除此之外，金融机构还要积极发展融资租赁业务，为制造业企业节能环保设施与技术改造提供重点设备租赁服务。其次，加速构建用能权、排污权、碳排放权等抵质押贷款产品的二级交易市场。企业出于自身利益的考虑，会间接提高治污、减排的积极性，进而达到环境污染总量控制的目的，使减排治污由最初的政府强制行为转变为企业自觉的市场行为。最后，要侧重于加强绿色金融服务平台对中小型制造业企业绿色转型的支持力度，向它们提供信息咨询、信用担保、绿色评估、资金对接等服务，提升绿色金融对中小型制造业企业的服务效率。

参考文献

[1] 陈智莲，高辉，张志勇. 绿色金融发展与区域产业结构优化升级——以西部地区为例[J]. 西南金融，2018（11）：70 - 76.

[2] 冯宇. 珠三角地区工业机器人产业现状分析与技术路线图设计 [D]. 哈尔滨：哈尔滨工业大学，2010.

[3] 傅京燕，刘玉丽. 粤港澳大湾区绿色债券助推产业转型的实践探索 [J]. 环境保护，2020，48（12）：24 – 29.

[4] 剧宇宏. 绿色经济与绿色金融法律制度创新 [J]. 求索，2009（7）：137 – 139.

[5] 李德升. 供给侧结构性改革背景下绿色金融促进产业转型升级研究 [J]. 中国经贸导刊，2017（2）：28 – 30.

[6] 宋纪薇，周洁，李青丽. 湖南省商业银行绿色金融发展面临的挑战及对策——以长沙银行为例 [J]. 轻工科技，2019，35（8）：146 – 147 + 179.

[7] 王浩. 用金融手段推进全面绿色转型 [J]. 中国金融，2021（2）：36 – 37.

[8] 王康仕. 工业转型中的绿色金融：驱动因素、作用机制与绩效分析 [D]. 济南：山东大学，2019.

[9] 殷兴山. 关于金融支持传统制造业绿色改造转型的实践与思考 [J]. 清华金融评论，2017（10）：19 – 21.

[10] 赵静. 绿色金融法律问题研究 [D]. 长沙：湖南师范大学，2010.

下篇 高质量发展

把新经济作为实现湖南
高质量发展的强省重器研究*

内容提要： 随着我国经济总体步入新常态，湖南经济也转向高质量发展阶段。面对复杂多变的国际政治经济环境和国内经济运行新情况新变化，湖南坚持稳中求进的工作总基调，全面贯彻新发展理念，经济发展延续了总体平稳、稳中有进的态势，其中新经济的助力功不可没，对湖南经济高质量发展发挥重要的支撑和引领作用。本文以新经济理论为切入点，首先分析新经济实现湖南高质量发展的动力机制、影响路径，并以理论为基础构建关于新经济和高质量发展的指标测度体系，分析目前湖南高质量发展的现状，以及制约新经济实现湖南高质量发展的问题，最后立足现状，提出把新经济作为湖南实现高质量发展的强省重器为目标的对策建议，助力湖南省高质量发展。

关键词： 新经济；高质量发展；强省重器；对策研究

核心观点：

（1）湖南以移动互联网为代表的新经济产业已经连续 7 年保持高速发展态势，数字经济发展规模迅速提升。2020 年湖南数字经济规模达 1.15 万亿元，发展增速排全国第 4 位，高于同期 GDP 增速 10.1 个百分点，占 GDP 总量比重为 27.5%，同比 2019 年提升 2.1 个百分点。但数字经济发展水平与国内发达省市相比还存在较大差距，发展水平有待提高。2020 年中国数字经济发展指数湖南以 29.4 的得分位于 31 个省份中的第 12 位，低于平均值水平 29.6。

（2）湖南在大数据产业、新能源汽车、移动互联网、工业机器人等重点"新经济"产业领域上发展迅猛，移动互联网产业以年均 71.9% 的速度增长，2020 年全省高新技

---

* 本文是湖南省社科智库专项重点项目（20ZWB10）的阶段性研究成果。

术产业增加值增长 10.1%，占地区生产总值的比重为 23.5%；战略性新兴产业增加值增长 10.2%，占地区生产总值的比重为 10.0%。但与打造具有核心竞争力的科技创新高地的要求还有较大的差距，新经济龙头企业和"独角兽"企业数量少、规模小，示范带动作用弱，数据产业链上下游协作不畅，数据开发利用率亟待提高。新经济 500 强企业数量湖南仅有 5 家，在统计的 26 个省份中排名第 12 位。

（3）湖南新经济与实体经济融合范围广，借助人工智能、5G、互联网、大数据、区块链等智能交互技术，加速与现代生产制造、商务金融、文娱消费等多方面深度融合，依托工业互联网平台建设，机械工程、轨道交通等湖南优势产业领域的工业大数据、工业智能化成为行业特色，构建传统制造业企业新的经济增长点。但融合发展尚存短板，省内大部分企业对实体经济产业领域和新经济的认知差异、关键核心技术缺失等因素导致融合程度不高，融合深度不足。

一、引言

党的十九大报告指出，我国经济已由高速增长阶段转向高质量发展阶段，高质量的发展模式要求提升自主创新能力，推动经济发展的新旧动能转换，提高核心竞争力，优化资源配置。与此同时，高质量的发展成为中国经济发展的主题，推动高质量发展也已成为我国当前和今后一段时期各领域持续健康发展的方向。

湖南地处我国中部地区，经济社会取得了较好的发展，2020 年地区生产总值为 41781.49 亿元，比 2019 年增长 4.7%。但湖南经济总体运行的过程不可避免地受到来自区域发展不平衡、生态环境恶化、创新动力不足、开放水平不够等因素的影响，在一定程度上制约了湖南经济社会的健康发展。目前，湖南正处于经济高质量发展转型的关键阶段，急需解决经济发展中存在的内在问题。

而新时代下的中国经济正在进入新的发展阶段，经济的进一步发展需要寻找和培育新动能，并通过新动能的培育推进新常态经济持续稳定发展。《中华人民共和国国民经济和社会发展第十四个五年规划和 2035 年远景目标纲要》中强调要催生新产业新业态新模式，壮大经济发展新引擎，加快新经济发展成为形成我国高质量发展合力的重要发力点，因此，在此背景下，准确把握当前发展阶段新经济、高质量发展的内涵特征，把新经济作为实现湖南高质量发展的强省重器研究，对于解决好湖南经济发展过程中所面临的各种难题，实现湖南高质量发展具有重要的理论和实际意义。

二、新经济实现湖南高质量发展的理论机制

研究新经济实现湖南高质量发展的理论机制，是揭示新经济实现湖南高质量发展规律的必由之路，是解决湖南高质量发展遇阻、科学制定湖南高质量发展战略和政策的理论基础。本文共包括两个部分：第一部分研究新经济实现湖南高质量发展的动力机制，分别从宏观、中观以及微观层面剖析新经济实现湖南高质量发展的动力机制；第二部分研究新经济实现湖南高质量发展的影响路径，分别讨论宏观经济运行、中观产业间循环以及微观企业发展过程中新经济对于湖南高质量发展的影响路径。

（一）新经济实现湖南高质量发展的动力机制

高质量发展的良性循环是由新经济驱动的宏观经济运行循环累积、中观产业间良性循环和微观企业正向反馈共同作用的结果，高质量发展分别在宏观、中观以及微观层面对新经济提出了不同的要求。因此，从高质量发展对新经济内在要求的角度，剖析新经济实现湖南高质量发展的动力机制。

从宏观层面来看，湖南高质量发展要求从规模扩张转向效率提升，通过全面提高全要素生产率以实现生产力发展的代价最小化。当湖南经济的边际增长率接近极限值，特别是在资源环境约束增加的条件下，必须破除资本、劳动等生产要素对经济发展的阻碍现象，优化资源配置效率，以抵消要素边际报酬递减的不利影响，但仅依靠提高资本产出比来改善劳动生产率并不能充分实现经济持续性发展，其实现还需要借助于提升全要素生产率。全要素生产率主要由技术变化和结构变化引起，一般由技术进步、技术效率与配置效率等构成，其中，全要素生产率的提升在很大程度上取决于技术进步效应的发挥。技术进步的直接效应通过改变要素的使用方式影响全要素生产率，而技术进步的间接效应借助改变要素产出弹性与要素投入结构对全要素生产率产生影响。因此，以新经济推动湖南高质量发展，应注重全要素生产率的提升，特别是与技术进步有关的生产效率的提升。

从中观层面来看，湖南高质量发展要求从工业重型化转向产业数字化，通过优化产业结构以实现生产力发展的代价最小化。产业结构的调整与优化不仅是湖南经济发展的结果，还是生产力发展的前提。总体来看，产业结构是一个由低附加值产业转移至高附加值产业的动态变化，且产业的优势也从初级产品转化为向中间产品、最终产品，从低级到高级的演变过程，遵循由单一化到多元化再到产业结构高级化的一般规

律。新经济的发展不仅有利于原有产业升级和质量提升，而且可以促进新兴产业与传统产业的深度融合，推动产业结构升级。因此，要实现发展的"质量提升"，产业结构应在多元化的前提下具备数字化的特征，通过产业间和产业内的更迭来实现有效的资源配置，从而实现经济效益最大化。

从微观层面来看，湖南高质量发展要求从企业规模增长转向企业效率提升，通过提高企业效率以实现单个微观单位生产成本的最小化。企业是新经济微观构成的主体，其质量在一定程度上决定中观产业结构的优化与宏观全要素生产率的提升。企业效率的构成主要包括管理效率、生产效率和服务效率三个层面。管理效率反映微观主体管理能力的优劣程度，它是指通过技术和管理对企业改善效率、减本增效实施的各项管理措施。企业内部组织建设、功能发挥与管理方式影响产品和服务效率的优劣，只有通过有效的科学管理才能提高产品和服务的效率，促进企业发展效益的提升。服务效率反映微观主体的无形产品的优劣程度，它是指以满足顾客的需求和期望为依据，采用非物质手段来增加企业产出的附加值。服务效率不仅体现在服务过程中消费者能体验到服务水平，而且包含消费者对服务结果的评价。生产效率反映微观主体的有形产品的优劣程度，它是指物质技术特征满足实际需求。生产效率是产品使用价值和外观的具体体现。总体而言，三者共同反映企业的效率，企业效率的提高对推动企业经营绩效、带动行业以及整个经济发展效率的长期稳步提升都具有重要作用。

（二）新经济实现湖南高质量发展的影响路径

新经济是在新一轮科技革命和产业变革中所生成的新技术、新产业、新业态和新模式，主要包括创新经济、绿色经济、平台经济、数字经济等新经济形态。借鉴这一思路，分别讨论宏观经济运行、中观产业间循环以及微观企业发展过程中新经济对于湖南高质量发展的影响路径。

在宏观层面，新经济推动湖南经济运行实现有效循环累积。一是新经济会通过激发湖南创新持续推动经济高质量发展。新经济能够通过对新技术、新产品的创新扩散来形成规模经济，促使经济从外延式发展向内涵式发展转变，推动湖南高质量发展。二是新经济会通过深化分工体系持续推动湖南高质量发展。福特主义的"大规模生产"通常以流水线技术所驱动的劳动分工体系为主，该分工体系是在生产必须不间断以及规模经济的供给驱动原则上整体组织起来的，并随着分工的进一步深化，在劳动分工的基础上形成职业分工，进而产生行业分工。由于资本有机构成提高使积累体制实现规模报酬递增，从而实现湖南高质量发展。因此，新经济通过技术扩散和分工深化形成网络溢出效应，从而对湖南高质量发展产生正向激励作用。

在中观层面，新经济推动湖南产业间实现自我良性循环。一是新经济通过效率改进持续推动湖南高质量发展。新经济通过创新工业或科技的生产范式，影响生产要素的配置与转换效率，增强生产体系的灵活性，不断塑造产品的内生比较优势，并对相关产业产生技术扩散效应，形成新的产业竞争，从而产生较大的社会剩余与资本积累，改变要素禀赋结构、推动产业结构升级，最终促进湖南实现经济高质量发展。二是新经济通过要素流动持续推动湖南高质量发展。新经济促进要素流动，不断突破产业的要素禀赋局限，打破传统产业"中心—外围"的空间秩序，细化产业分工，延长产业链条，进而培育产业间的内生比较优势，充分提高各产业的竞争力，实现湖南高质量发展。因此，新经济通过产业效率改进和促进要素流动实现产业结构优化，从而推动湖南高质量发展。

在微观层面，新经济促进湖南企业实现自我正向反馈。一是新经济通过提升管理质量持续推动湖南高质量发展。新经济的发展会对企业管理提出更高的要求，新经济所催生的大数据、云服务、人工智能等可以帮助企业实现数据与信息的智能交互，节约沟通与管理成本，通过变革管理模式，充分提升企业管理质量，推动湖南高质量发展。二是新经济通过提升服务质量持续推动湖南高质量发展。新经济的发展能够充分减少信息不对称，增强消费者与生产者之间的匹配效率，不仅能有效提供个性化服务，还能提高用户反馈效率，从而提高企业服务的精准性和敏捷性，推动湖南高质量发展。三是新经济通过提升产品质量持续推动湖南高质量发展。新经济能在不断变化的市场条件下持续提高产品质量，满足消费者的多样化需求，促使企业产生需求端的范围经济，保证"社会再生产—物质条件再生产—生产关系再生产"得以顺利进行，推动湖南高质量发展。因此，新经济通过管理质量、服务质量与生产质量提升共同提高企业效率，推动湖南高质量发展。

三、湖南新经济与高质量发展指标体系的构建

科学构建新经济、高质量发展指标体系是对新经济实现湖南高质量发展进行研究的基础和关键，应综合考虑新经济的各方面、各环节，体现高质量发展的动态性、多维性，可落实到高质量发展全过程。根据构建的新经济、高质量发展指标体系，利用熵权法测算出湖南新经济指数、高质量发展指数。

（一）湖南新经济指标体系的构建

新经济指标体系的构建一直是学者们关注的热点，但尚无官方的统一标准。现有

新经济定量测度指标体系面临一定的问题和挑战：一是全国地区层面的定量测度指标体系还尚未建立；二是对企业层面的统计调查不足，现有指标体系还需进一步完善；三是大数据分析调查方法的应用还不够，"新经济"相关经济活动的数据获取方式、调查统计分析技术和平台还需进一步升级；四是指标的定量测度方法有待进一步检验。

考虑到经济全球化对于新经济的巨大影响，借鉴美国信息技术与创新基金会（ITIF）思路，从创新化水平、绿色化水平、数字化水平、网络化水平、全球化水平等方面构建新经济指标体系，拟将指标层级分为三个层级，第一层级以创新化水平、绿色化水平、数字化水平、网络化水平、全球化水平五大维度划分，同时包括 11 个二级指标和 17 个三级指标，对湖南 14 个市州的新经济发展情况进行定量测度（见表 1）。

表 1　新经济指标体系

一级指标	二级指标	三级指标
创新化水平	创新投入	规模以上工业企业 R&D 人员全时当量（人年）
		R&D 经费内部支出（万元）
	创新成果	规模以上工业企业新产品销售收入（万元）
		有效发明专利数（件）
绿色化水平	资源利用	燃气普及率（%）
		能源消费总量增速（%）
	绿色环保现状	污水处理率（%）
		建成区绿化覆盖率（%）
	环保企业发展	环保产业从业人数（万人）
		环保产业年收入（亿元）
数字化水平	信息技术	信息运输、软件和信息技术服务业从业人员年末人数（万人）
	高新技术	高新技术产业总产值（亿元）
网络化水平	互联网使用	固定互联网用户数（万户）
	移动通信使用	移动电话用户数（万户）
全球化水平	国内外投资	实际使用外资金额（万美元）
		对外实际投资额（万美元）
	进出口贸易	进出口商品总值（万美元）

（1）创新化水平。创新能力是新经济发展的动力源。主要从全社会规模以上工业企业 R&D 人员全时当量、R&D 经费内部支出、规模以上工业企业新产品销售收入、有效发明专利数等方面进行考察创新化水平。其中，规模以上工业企业 R&D 人员全时当量、R&D 经费内部支出反映了创新投入水平，规模以上工业企业新产品销售收入、有效发明专利数反映了企业创新成果。

（2）绿色化水平。绿色化意味着从改变自然观和发展观开始，驱动生产方式与生活方式的转变，释放改革和创新驱动能力。用燃气普及率、能源消费总量增速、污水处理率、建成区绿化覆盖率、环保产业从业人数、环保产业年收入 6 个基础指标加以衡量绿色化水平。其中，燃气普及率、能源消费总量增速主要反映资源的利用情况，污水处理率、建成区绿化覆盖率主要反映地区绿化环保现状，环保产业从业人数、环保产业年收入主要反映环保企业发展情况。

（3）数字化水平。数字技术的迭代与应用在增加我国经济韧性方面发挥着重要作用。选取信息运输、软件和信息技术服务业从业人员年末人数和高新技术产业总产值 2 个基础指标刻画数字化水平。其中，信息运输、软件和信息技术服务业从业人员年末人数从信息技术角度衡量数字化水平，高新技术产业总产值从高新技术角度衡量数字化水平。

（4）网络化水平。网络化是指利用通信技术和计算机技术，把分布在不同地点的计算机及各类电子终端设备联系起来，按照一定的协议进行通信，以实现网络用户共享软件、硬件和数据资源。信息网络的互联属性是新经济实现高附加值和高效率的主要手段和方式。分别选取固定互联网用户数衡量互联网使用、移动电话用户数衡量移动通信使用来共同刻画网络化水平。

（5）全球化水平。全球化是反映经济主体之间开放程度的重要指标，反映的是国家或地区参与国际交往和贸易的频繁程度。选取实际使用外资金额、对外实际投资额、进出口商品总值 3 个基础指标来刻画全球化水平。其中，实际使用外资金额、对外实际投资额衡量国内外投资水平，进出口商品总值衡量进出口贸易水平。

（二）湖南高质量发展指标体系的构建

在高质量发展指标的具体选择上，充分考虑新发展理念中创新、协调、绿色、开放、共享五个维度发展的普遍规律和特征，兼顾经济增长的质量和效率，注重经济增长的质量变革、效率变革和动力变革。主要遵循以下几点原则：一是指标的全面性和科学性。尽可能全面地反映经济增长的基本特征，同时又要考虑科学性和客观性。以权威数据作为支撑，数据来源于官方数据库和公开出版物。二是指标的系统性和层次性。同时包含反映发展水平的静态指标和发展增量的动态指标，从不同层次、不同角度系统反映新发展理念实际践行情况。三是指标的可操作性和可比性。一方面考虑指标的可量化以及数据的可得性；另一方面考虑指标的横向和纵向可比性，在不同地区之间横向可比，同一地区在不同时间点上纵向可比。基于上述原则，构建了创新发展、协调发展、绿色发展、开放发展、共享发展 5 个一级指标及 18 个二级指标的高质量发展指标体系（见表2）。

表 2　高质量发展指标体系

一级指标	二级指标	三级指标
创新发展	R&D 经费投入强度	R&D 经费支出/地区 GDP
	高技术收入度	高技术主营业务收入/地区 GDP
	科技成果创收率	新产品销售收入/主营业务收入
	高新企业占比	高新企业数/地区企业总数
协调发展	产业结构高级化指数	第三产业产值/地区 GDP
	城乡收入差距	城镇人均可支配收入/农村人均纯收入
	能源结构高级化指数	（电力消耗量＋天然气消耗量）/煤炭消耗量
	银行存贷比	银行业金融机构各项贷款/银行业金融机构各项存款
绿色发展	污水处理率	—
	建成区绿化覆盖率	—
	人均公园绿地面积	公园绿地面积/年末人口数
	单位 GDP 能耗	能源消耗量/地区 GDP
开放发展	外商直接投资占比	实际利用外资总额/地区 GDP
	进出口总额占比	进出口总额/地区 GDP
	外商投资企业占比	外商投资企业数/地区企业总数
	高技术进出口产品贸易占比	高技术产品进出口总额/进出口总额
共享发展	教育支出占比	教育经费支出/地方财政支出
	每万人拥有公交车数量	—

（1）创新发展。创新注重的是解决发展动力的问题。创新驱动发展，创新发展是综合国力提升的重要战略支撑。创新发展必须具备一定的基础条件，经济发展、政府投入以及硬件设备、人才储备是创新发展的土壤和源泉。与此同时，创新也需要投入，其中研发经费与人力资本的投入最为基础和关键。在具备创新基础、确保创新投入的情况下，创新产出及成效在评价创新发展水平方面尤为重要。其中，创新成效在创新产出的基础上更进一层，是创新发展水平的高层次目标。因此，从 R&D 经费投入强度、高技术收入度、科技成果创收率、高新企业占比 4 个方面选取指标对创新发展水平进行测度。

（2）协调发展。协调发展旨在解决发展不平衡问题，协调发展需要增强发展的整体性，产业、区域、城乡的协调发展是全面建设小康社会的关键所在。新发展阶段，经济结构转型升级仍在继续，第三产业成为拉动经济增长的主要动力，产业结构的调整对于协调发展十分重要。与此同时，新发展阶段，区域、城乡之间发展不平衡的问题十分突出。基于此，构建了 4 个基础指标对协调发展水平进行测度，通过第三产业产值占地区 GDP 比重来衡量产业结构高级化指数；城乡收入差距通过城镇人均可支配收入与农村人均纯收入之比来衡量；能源结构高级化指数通过电力消耗量与天然气消耗量之和占煤炭消耗量份额来衡量；银行存贷比通过银行业金融机构各项贷款与各项存款之比来衡量。

（3）绿色发展。绿色发展重点解决人和自然的和谐问题。《"十四五"规划和2035年远景目标纲要》提出，坚持"绿水青山就是金山银山"的理念，坚持尊重自然、顺应自然、保护自然。传统的发展路径高度依赖土地、劳动、资本、自然资源的投入，必然会与生态保护产生矛盾和冲突，是一条不可持续之路。走绿色发展之路，既强调要保护环境、顺应自然、尊重自然规律，又要注重经济发展，建设生态宜居、人与自然和谐共生的城市。因此，分别从污水处理率、建成区绿化覆盖率、人均公园绿地面积、单位 GDP 能耗等多个方面对绿色发展水平进行测度。

（4）开放发展。扩大开放是推动高质量发展的必由之路，开放发展注重的是解决发展的内外联动问题。新发展阶段，我国将逐渐形成以国内大循环为主体、国内国际双循环相互促进的新发展格局。新发展格局之下，国内国际双循环发展不再是简单的对外开放，而是需要扩大对外贸易，深化资金、人才、科技等领域国际合作，推动商品、要素等领域开放形成协同效应。基于此，选取外商直接投资占比、进出口总额占比、外商投资企业占比、高技术进出口产品贸易占比 4 个指标反映地区开放性水平高低。

（5）共享发展。共享发展注重的是解决社会公平正义的问题，经济发展的成果是否为广大人民群众所共享十分重要。实现社会公平、人人共享需要通过普惠来实现。公平合理的社会制度，让经济社会发展成果惠及全体成员，主要体现在教育质量、就业创业、基本公共服务均等化等方面。据此，重点从教育支出占比、每万人拥有公交车数量两个方面选取指标，反映经济发展的成果为社会所共享的水平高低。

（三）湖南新经济与高质量发展的测算

根据新经济、高质量发展的具体内涵设计指标体系来测度湖南的新经济、高质量发展水平以及不平衡程度。在建立指标体系后，将采取一定的赋权和测度方法，分别对湖南 14 个市州的新经济、高质量发展情况进行测度和比较。对地区间新经济、高质量发展进行测算，一方面有助于了解不同地区发展的优势与短板；另一方面有助于了解地区新经济、高质量发展的不平衡性，为以新经济实现湖南高质量发展提供政策依据。

熵权法是一种客观赋权法，既可以避免人为因素带来的偏差问题，又可以有效排除数据不同单位不同的量纲所带来的差异，较其他的测算方法更具客观性和合理性。因此，将新经济、高质量发展水平定义为一种相对指数，采用熵权法对新经济、高质量发展进行测度。计算过程如下。

第一步，指标标准化处理：指标体系中各指标存在数量级与量纲之间的差异，因此首先使用极差法对各指标进行标准化处理，将指标的绝对值转化为相对值。

$$x'_{ij} = \frac{x_{ij} - \min(x_{ij})}{\max(x_{ij}) - \min(x_{ij})} \tag{1}$$

$$x'_{ij} = \frac{\max(x_{ij}) - x_{ij}}{\max(x_{ij}) - \min(x_{ij})} \tag{2}$$

式（1）和式（2）中，i 表示地区（市、州），j 表示测度的指标，x_{ij} 与 x'_{ij} 分别表示各个初始指标数据与经过标准化处理后的指标数据，式（1）为正向指标，式（2）为负向指标。

第二步，指标归一化处理：计算第 j 项指标下，第 i 个地区占该指标的比重。

$$p_{ij} = \frac{x'_{ij}}{\sum x'_{ij}} \tag{3}$$

第三步，计算各项指标的熵值：

$$e_j = -\frac{1}{\ln n} \sum (x'_{ij} \times \ln x'_{ij}) \tag{4}$$

第四步，计算各项指标的差异化系数：

$$g_j = 1 - e_j \tag{5}$$

第五步，对差异系数进行归一化，确定各项指标的权重：

$$w_j = \frac{g_j}{\sum g_j} \tag{6}$$

第六步，计算各地区的经济高质量发展指数：利用线性加权的方法分别计算新经济与高质量发展各维度以及综合指数。

$$F_i = \sum (w_j \times p_{ij}) \tag{7}$$

四、新经济实现湖南高质量发展的评价分析

为全面、客观地分析新经济实现湖南高质量发展，根据《湖南统计年鉴》（2021）中 2020 年湖南 14 个市州的统计数据，以及新经济、高质量发展指标体系，将 14 个地州市分为长株潭地区、湘南地区、洞庭湖地区和大湘西地区进行对比，深层次阐释湖南新经济、高质量发展的演变特征与基本趋势，进一步找出制约新经济实现湖南高质

量发展的突出问题。

（一）综合评价

利用熵权法对各指标进行赋权，由此合成创新化水平、绿色化水平、数字化水平、网络化水平、全球化水平5个一级指标指数和创新发展、绿色发展、协调发展、开放发展、共享发展5个一级指标指数，并采用同样的方法赋予一级指标权重值，从而得到新经济指数和高质量发展指数（见表3）。

表3　2020年湖南新经济和高质量发展指数

市州	新经济	高质量发展
长沙	0.9557434	0.6772846
株洲	0.2307848	0.3994018
湘潭	0.1271556	0.5133948
衡阳	0.1636717	0.4547242
邵阳	0.1132682	0.4120473
岳阳	0.1628472	0.2807125
常德	0.1557699	0.3225343
张家界	0.0355034	0.2952856
益阳	0.0890199	0.432054
郴州	0.150735	0.515789
永州	0.1031035	0.5353018
怀化	0.0748901	0.4459136
娄底	0.095723	0.3731884
湘西	0.0525448	0.3478313

2020年湖南省地区生产总值41781.5亿元，比上年增长3.8%。其中，第一产业增加值4240.4亿元，增长3.7%；第二产业增加值15937.7亿元，增长4.7%；第三产业增加值21603.4亿元，增长2.9%。在新经济发展范围，信息传输、软件和信息技术服务业增加值850.5亿元，增长20.9%；租赁和商务服务业增加值1230.8亿元，增长1.9%；高新技术产业投资增长25.4%，增加值也增长10.1%；高新技术企业数达到8621家，是"十二五"末的4倍多，5年增长3倍多，排名上升至全国第10位、中部第2位。全省9批共评价入库科技型中小企业7368家，同比增长129%，增速居全国第一。2020年湖南各地级市新经济与高质量发展指数如表3所示，从表中可知，首先，在新经济指数评价方面，2020年长沙、株洲和衡阳的新经济指数较高，分别为0.9557、0.2308、0.1637，较低的是怀化、湘西和张家界，其指数分别为0.0749、0.0525、

0.0355。从测算结果来看，长沙和张家界的新经济指数评分相差 0.9202，差距较大。其次，在高质量发展指数方面，2020 年长沙、永州和郴州的高质量发展指数较高，分别为 0.6773、0.5353、0.5158，较低的为常德、张家界和岳阳，其发展指数分别为 0.3225、0.2953、0.2807。从测算结果来看，长沙和岳阳的高质量发展指数相差 0.3966，与长沙和张家界的新经济发展指数差距相比，二者相差较小（见图 1）。

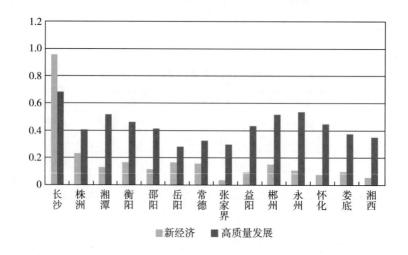

图 1　2020 年湖南各地级市新经济与高质量发展指数

总体来看，2020 年湖南新经济发展水平的波动较大，除长沙的评分结果较高外，其余地级市的评分结果都在（0，0.3）区间，且只有长沙和株洲达到均值水平。这是因为长沙成为继北京、上海、深圳、杭州之后的互联网企业崛起的第五城，拥有岳麓山大学科技城和马栏山视频文创园两个新经济发展高地，而且湘江鲲鹏、58 集团、百度无人驾驶、华为软件开发云、腾讯（长沙）云等国内众多知名软件和互联网领军企业在湖南湘江新区设立了全国总部或第二总部。此外，株洲积极推进产业数字化和数字产业化，加快信息产业发展，以信息化驱动引领株洲现代化经济体系建设和高质量发展。具体而言，株洲数字产业化快速发展、制造业升级、产业数字化成效显著以及基础设施不断完善，其中株洲市区已建设 5G 基站 2286 个，实现市区内城区 5G 全覆盖。另外，2020 年湖南高质量发展水平的波动较小，1/2 的地市超过了均值水平。长沙是省会城市，凭借其地理位置、经济基础、人才和技术优势，经济高质量发展综合水平较优。处在中高质量发展的地区，包括湘潭和株洲，两个地区利用长株潭一体化发展契机，吸收高质量发展地区长沙的辐射带动作用，发展自身的比较优势和竞争力，高质量发展水平仅次于长沙；张家界凭借旅游支柱产业的发展，生态环境质量和生态经济发展的优势，促进开放、绿色、协调进一步提升，湖南各地级市把打造"三个高地"、践行"四新"使命作为引领未来发展的重大战略,全省上下、社会各界齐心协力,聚集各种资源要素,全力建设"三个高地"。

(二) 区域差异分析

由图2可知,2020年湖南四大地区的新经济发展指数差距较明显,而高质量发展水平相对较平均。其中,从新经济发展水平来看,长株潭地区的评分最高,为1.3137,而大湘西地区的评分最低,为0.3720,两者间相差0.9417;此外,湘南、洞庭湖地区与大湘西地区的新经济发展水平差距较小。由此可见,2020年湖南新经济发展水平的地域差异化分布显著,各地区之间差距较明显,究其原因,可能是因为长株潭地区拥有装备制造等超千亿的产业集群,第二和第三产业发展均较好,其中长沙以第三产业为主,先进装备、智能制造、新一代信息技术、新材料、生物医药、节能环保、现代物流、现代金融、文化创意等产业发展良好,同时长株潭地区拥有众多"双一流"高校、国家级研究中心,具有良好的科研基础。而对于其他三个地区而言,由于其在经济发展方面与长株潭地区存在的差异性,其新经济发展较慢,与长株潭地区差距明显。在高质量发展指数方面,大湘西地区和长株潭地区的发展水平较高,分别为1.8743、1.5900。这主要是因为大湘西地区近年来不断优化园区功能布局,提升园区综合竞争力,结合区位优势,承接产业转移,培育特色产业集群,推动园区产业集约集聚发展。由此可见,湖南新经济发展水平呈现长株潭地区 > 湘南地区 > 洞庭湖地区 > 大湘西地区的分化明显的区域分布格局;而湖南高质量发展水平呈现大湘西地区 > 长株潭地区 > 湘南地区 > 洞庭湖地区的分布格局。

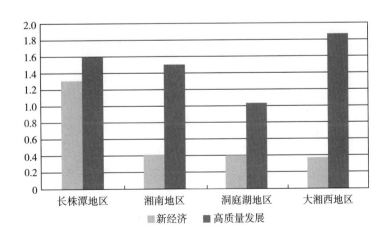

图2　2020年湖南四大地区新经济与高质量发展情况

（三）突出问题分析

（1）**数字经济发展规模迅速提升，但发展水平有待提高。**湖南以移动互联网为代表的新经济产业已经连续7年保持高速发展态势，数字经济发展规模迅速提升。2020年，湖南数字经济规模达1.15万亿元，发展增速排全国第4位，高于同期GDP增速10.1个百分点，占GDP总量比重为27.5%，同比2019年提升2.1个百分点。同时，围绕数字经济发展，湖南的政策体系逐步完善，印发了《湖南省数字经济发展规划（2020—2025年）》《湖南省芙蓉人才行动计划》等政策文件。但数字经济发展水平与国内发达省市相比还存在较大差距，发展水平有待提高。中国电子信息产业发展研究院公布的《2020中国数字经济发展指数（DEDI）》指出，2020年，中国数字经济发展指数平均值为29.6，其中10个省份指数值高于平均水平，而湖南以29.4的得分位于31个省份中的第12位，低于平均值水平，与第一梯队的广东（65.3）、北京（55.0）、江苏（52.2）等还存在明显的差距。

（2）**新经济产业发展迅猛，但缺乏龙头企业和"独角兽"企业。**湖南在大数据产业、新能源汽车、移动互联网、工业机器人等重点"新经济"产业领域上持续发力，取得了令人瞩目的成绩。移动互联网产业以年均71.9%的速度增长，2020年全省高新技术产业增加值增长10.1%，占地区生产总值的比重为23.5%；战略性新兴产业增加值增长10.2%，占地区生产总值的比重为10.0%。快乐阳光、安克创新入围2020年度软件和信息技术服务竞争力前百家企业名单，威胜信息成为"科创板湖南第一股"，安克创新成为"湖南创业板注册制第一股"。尽管新经济产业发展迅猛，但与打造具有核心竞争力的科技创新高地的要求还有较大的差距，新经济龙头企业和"独角兽"企业数量少、规模小，示范带动作用弱，数据产业链上下游协作不畅，数据开发利用率亟待提高。《2020中国新经济企业500强发展报告》指出，2020年北京独占第一梯队，聚集新经济500强企业最多，数量达到115家；上海、深圳、杭州为第二梯队，新经济500强企业数量分别为61家、60家、42家；而湖南新经济500强企业数量仅有5家，在统计的26个省份中排名第12位，与第一梯队和第二梯队还有很大的差距。

（3）**新经济与实体经济融合范围广，但其融合深度不足。**湖南抢滩布局新经济与实体经济加速融合，借助人工智能、5G、互联网、大数据、区块链等智能交互技术，加速与现代生产制造、商务金融、文娱消费、教育健康和流通出行等深度融合，依托工业互联网平台建设，工程机械、轨道交通等湖南优势产业领域的工业大数据、工业智能化成为行业特色，构建传统制造业企业新的经济增长点。但融合发展尚存短板，省内大部分企业对实体经济产业领域和新经济的认知差异、关键核心技术缺失等因素导致融合程度不高、融合深度不足。如依然重视传统的人力和资本要素，并存在重硬件轻软件、重规模轻质量、重制造轻服务的观念，忽略大数据等新型要素特征，不能有效深入挖掘利用数据价值。关键核心技术的缺失影响深层次利用数字技术获取价值创造，难以激发实体经济的潜在高附加值。湖南制造业大部分企业还处在工业 2.0 阶段，有的甚至处于 1.0 阶段，对信息化认识不够，信息化基础较差，影响制造业创新应用。

五、新经济实现湖南高质量发展的对策建议

立足湖南经济社会发展现状，以将新经济作为湖南高质量发展的新动能为出发点和落脚点，提出优化新经济产业发展路径、发挥新经济产业集聚效应、优化新经济发展空间布局、加大新经济和实体经济融合力度、驱动数字经济高质量发展等有针对性的对策建议。

（一）优化新经济产业发展路径

一是积极承担国家科技重大专项，以创新示范区为主体，制定技术创新路线图，集成资源积极承接新药创制、核心电子器件、水体污染治理、油气田、航空发动机等国家科技重大专项。二是以新材料、电子信息、生物健康等领域为重点，建设一批科研基础设施和平台，强化国家超级计算长沙中心、亚欧水资源中心、国家计量检测研究院长沙分院等重大创新平台功能，组建长株潭公共科技服务平台和技术创新中心，夯实解决重大科技问题的物质技术基础。三是依托企业、高校院所、产业技术研究院等创新资源，围绕工程机械、先进轨道交通、航空航天、风力发电、海工装备、先进电池材料、北斗卫星导航、生物健康、节能环保、新材料、汽车及零部件等产业建立技术创新战略联盟等若干专业创新平台，提高全省新兴产业的核心技术水平。

（二）发挥新经济产业集聚效应

一是着力打造新经济超级产业链，全面提高工程机械、轨道交通、海洋工程、环保机械、农业机械、节能与新能源汽车、电工电器及新能源装备、航空航天装备、高档数控机床与机器人等高端装备产业的工业水平，建设世界级高端装备产业集群和中国智能制造示范引领区。二是以长沙为中心集中发展新材料、移动互联网和文化创意三大产业链集群，培育国家级生物产业和分布式新能源产业基地，培育湖南新型工业发展的新动能。三是精准引进数字经济龙头企业。加快推进湖南国家软件名城、名园

创建工作,在软件、电子信息、工程机械、先进轨道交通装备、航空航天、视频文创、区块链、信创工程等行业中引入带动性强、特色明显、发展潜力大、拥有核心技术的龙头企业。充分利用好互联网岳麓峰会、中非经贸博览会等一系列国内、国际高层次论坛,紧抓数字经济产业发展机遇,瞄准阿里巴巴、京东、腾讯、华为等行业领军企业,开展靶向招商、以商招商和补链招商。支持全球数字经济龙头企业在湖南设立研究机构、创新中心、孵化基地。

(三)优化新经济发展空间布局

充分发挥长株潭增长极新技术产业的优势,加快推进三市经济社会发展和行政管理一体化,全力创建国家中心城市和创新型城市群,带动和辐射全省新经济集聚集群发展。同时,充分发挥"一带一部"开放性新经济地理区位优势,拓展开放发展战略空间,提高湖南经济开放集聚效应。建设"长株潭+岳阳"大功能区,以增强长株潭通江达海的口岸功能和带动力,全面融入长江经济带。同时,在长沙、衡阳、湘潭、岳阳、郴州五大综合保税区基础上申办湖南自由贸易区,全面融入国家陆海内外联动、东西双向互济的开放格局,打造内陆新经济开放高地。

(四)加大新经济和实体经济融合力度

一是加快储备融合型人才。实施《湖南省芙蓉人才行动计划》,利用市场力量吸引和集聚海内外优秀人才,强化高校与企业、研究所对接,培养融合创新复合型人才,完善人才激励机制,对优秀人才提供更优厚的定居待遇,支持相关企业引进高级管理人才和技术骨干。鼓励有条件的高等院校开设新经济相关专业,加强融合型、实用型人才培养,构建面向新经济发展前沿的多层次、高质量人才团队。同时支持国内外知名高校、科研院所在省内设立分院(所),探索产学研合作新模式,积极培育新经济和实体经济融合所需的创新人才。举行"湖南高端融合型人才交流峰会"等相关交流会,了解融合型人才需求发展趋势,提供有力人才支撑和交流。二是打造跨界融合发展模式。构建新经济"双创"体系,推动蓝思科技、三一重工等大企业"双创"发展,建立面向中小企业的"双创"服务体系,形成大中小企业融通发展的良好态势。促进服务贸易跨界业务融合,发挥长沙作为中国服务外包示范城市、中国"互联网第五城"的特色优势,构建全省中心城市与周边地区协同发展的服务外包产业链,探索互联网服务新模式,打造湖南服务贸易"新引擎"。推动新一代信息技术与各行业深度融合,持续推动中小企业"上云上平台",依托湖南金蝶、湖南联通、三一根云工业互联网平台等机构与平台,培育一批"上云上平台"标杆企业和两化融合管理体系贯标标杆企业。

（五）驱动数字经济高质量发展

一是引领数字经济技术进步。持续实施"强玻引屏补端"计划，提升技术创新能力，支持全球新型显示器件龙头企业在湖南设立研究机构、区域总部、创新中心、孵化基地，加快推进一批重大项目建设。加快大数据技术研发，依托国防科技大学、中南大学、湖南大学、国家超算长沙中心及湖南大数据相关重点实验室、工程技术研究中心、工程研究中心和企业技术中心，围绕数据科学理论体系、大数据计算系统与分析、大数据应用模型等领域进行前瞻布局，加强大数据基础研究。二是优化数字经济基础设施。协调铁塔、电信、移动、联通等通信企业，加快推进以5G、物联网、工业互联网、大数据中心为重点的新型基础设施建设。通过搭建云桌面、云手机等合作办公系统，加快内网建设改造进度，打通内网办公屏障，推动三一集团、博世（长沙）、长城金融等工业企业与基础通信企业深度对接合作，促进工业互联网二级解析节点建设。推动数字基建和传统基建在新基建的外延层、辐射层深度融合，形成相互补充促进的生动局面。设立"超算科技创新专项"，借鉴河南"超算创新生态系统建设科技专项"发展经验，依托国家超级计算长沙中心，围绕数字经济、高端装备、人工智能等重点领域开展前沿科技研究，支持国防科技大学牵头组织省内各科研单位协同攻关，加快构建具有湖南特色的高性能计算应用生态环境，助力打造内陆地区改革开放高地。

参考文献

[1] Gu W., Wang J., Hua X., et al. Entrepreneurship and High – quality Economic Development: Based on the Triple Bottom Line of Sustainable Development [J]. International Entrepreneurship and Management Journal, 2021, 17 (1): 1 – 27.

[2] Tolentino P. E. Technological Innovation and Emerging Economy Multinationals: The Product Cycle Model Revisited [J]. International Journal of Technology Management, 2017, 74 (6): 122 – 139.

[3] 钞小静，薛志欣，王宸威. 中国新经济的逻辑、综合测度及区域差异研究 [J]. 数量经济技术经济研究，2021，38 (10): 3 – 23.

[4] 陈景华，陈姚，陈敏敏. 中国经济高质量发展水平、区域差异及分布动态演进 [J]. 数量经济技术经济研究，2020，37 (12): 108 – 126.

[5] 付晨玉，杨艳琳. 中国工业化进程中的产业发展质量测度与评价 [J]. 数量经济技术经济研究，2020，37 (3): 3 – 25.

[6] 金碚. 关于"高质量发展"的经济学研究 [J]. 中国工业经济，2018 (4): 5 – 18.

[7] 李海舰，李燕. 对经济新形态的认识：微观经济的视角 [J]. 中国工业经济，2020 (12): 159 – 177.

[8] 吕承超，崔悦. 中国高质量发展地区差距及时空收敛性研究 [J]. 数量经济技术经济研究，

2020, 37 (9): 62 – 79.

[9] 马茹, 罗晖, 王宏伟等. 中国区域经济高质量发展评价指标体系及测度研究 [J]. 中国软科学, 2019 (7): 60 – 67.

[10] 聂长飞, 简新华. 中国高质量发展的测度及省际现状的分析比较 [J]. 数量经济技术经济研究, 2020, 37 (2): 26 – 47.

[11] 戚聿东, 李颖. 新经济与规制改革 [J]. 中国工业经济, 2018 (3): 5 – 23.

[12] 师博, 张冰瑶. 新时代、新动能、新经济——当前中国经济高质量发展解析 [J]. 上海经济研究, 2018 (5): 25 – 33.

[13] 王一鸣. 百年大变局、高质量发展与构建新发展格局 [J]. 管理世界, 2020, 36 (12): 1 – 13.

[14] 魏敏, 李书昊. 新时代中国经济高质量发展水平的测度研究 [J]. 数量经济技术经济研究, 2018, 35 (11): 3 – 20.

[15] 吴志军, 梁晴. 中国经济高质量发展的测度、比较与战略路径 [J]. 当代财经, 2020 (4): 17 – 26.

[16] 许宪春, 张钟文, 关会娟. 中国新经济: 作用、特征与挑战 [J]. 财贸经济, 2020, 41 (1): 5 – 20.

[17] 杨沫, 朱美丽, 尹婷婷. 中国省域经济高质量发展评价及不平衡测算研究 [J]. 产业经济评论, 2021 (5): 5 – 21.

[18] 曾胜, 张明龙. 绿色投资、碳排放强度与经济高质量发展——采用空间计量模型的非线性关系检验 [J]. 西部论坛, 2021, 31 (5): 69 – 84.

[19] 张其仔. 加快新经济发展的核心能力构建研究 [J]. 财经问题研究, 2019 (2): 3 – 11.

[20] 周振华. 经济高质量发展的新型结构 [J]. 上海经济研究, 2018 (9): 31 – 34.

经济政策不确定性对中国 制造业高质量发展的影响研究*

内容提要：基于 2002～2019 年省级层面数据，构建面板数据模型，实证考察经济政策不确定性对我国制造业高质量发展的影响。研究结果表明：从总体来看，经济政策不确定上升对我国制造业高质量发展的影响为正，即有利于我国制造业高质量发展；区分金融危机前后的检验发现，经济政策不确定性对我国制造业高质量发展的影响方向不一致，在金融危机前其影响为正，而在金融危机后其影响为负；我国经济政策不确定性对东中西部地区制造业高质量发展的影响均显著为正，但根据现有样本数据来看，其影响的差异性不明显。在当前全球经济不确定性风险增加之下，提出了促进我国制造业高质量发展的对策建议。

关键词：经济政策不确定性；出口技术复杂度；制造业高质量发展

核心观点：

（1）各地区制造业高质量发展水平存在显著差异。

（2）经济政策不确定性通过影响企业创新而影响制造业高质量发展，但这种影响的短期表现和长期表现不同，其内在传导机制也存在差异。

（3）从总体上看，经济政策不确定上升会促使我国制造业高质量发展，但不同时段、不同地区的表现存在一定差异。

---

* 本文是湖南省自然科学基金面上项目（2021JJ30284）、湖南省教育厅优秀青年基金项目（20B228）的阶段性成果。

一、引言

制造业是一个国家经济实力的重要体现，是实现工业化和现代化发展的基础和保障。习近平总书记在致 2019 世界制造业大会的贺信中指出，"全球制造业正经历深刻变革"，要"把推动制造业高质量发展作为构建现代化经济体系的重要一环"。制造业高质量发展在我国经济发展中有着重要的地位和作用。然而，目前"制造大国"而不是"制造强国"还是基本国情，表现在产品质量不够高、关键核心技术受制于人、在全球产业价值链条中处于中低端环节等。据世界银行统计，我国制造业总产值、增加值均居全球第一，但增加值率远低于工业发达国家的平均值；制造业整体仍处于全球产业链的下游地位。在这样的背景下，推进制造业高质量发展是建设制造强国的必由之路。

我国制造业能够快速发展得益于政策不确定性的下降和发展环境的改善。改革开放以来，我国采取系列积极的对内对外政策，不断优化制造业发展的环境。特别是 2001 年我国正式加入 WTO 极大地降低了制造业发展的外部政策不确定性，使我国出口贸易以超高增速逐步成为全球最大的出口国。然而，当前我国制造业发展的环境正趋于复杂化，全球经济贸易政策在不断调整，"逆全球化"和贸易保护主义思潮涌现，个别国家甚至采取切断供应链、加征关税或限制进口等手段阻碍我国创新驱动发展，使我国制造业发展面临的政策不确定性显著上升。不断增强的全球政策不确定性显著提升了我国制造业高质量发展的现实紧迫性。

本文正是基于我国对外贸易面临的经济政策不确定性视角，考察其对我国制造业高质量发展的影响，并进行实证检验，进而提出促进我国制造业高质量发展的对策。促进我国制造业高质量发展是对我国制造业在新时代的发展提出的新要求。本文可以从经济政策不确定性变化的视角为我国制造业高质量发展提供一个新的诠释，从而为应对当前政策不确定性，推动我国制造业转型升级战略提供重要的政策启示和决策依据，具有重要的现实意义。

二、经济政策不确定性与我国制造业
高质量发展的特征事实

（一）我国经济政策不确定性的特征事实

1. 经济政策不确定性的测算指标

经济政策是政府调节经济发展的有力手段，常见的经济政策有财政政策和货币政策，政府通过财政政策和货币政策调节宏观经济的作用有利有弊，换言之即为经济政策对社会经济的影响是不确定的。参考诸多学者的研究，利用经济政策不确定性指数来反映经济政策不确定性，即 epu 指数，其指标的测算利用 Baker 等（2016）的研究方法。Baker 等（2016）使用双重过滤的方式，即先通过筛选新闻内容中同时包含"经济""政策""不确定性"和"中国"四个关键词的相关报道文章，然后过滤出含有"政府""税收""监管"等词的文章，最后计算满足上述两个条件的文章占当月文章总数量的比重，构建中国经济政策不确定性的月度指数。通过对一年当中 12 个月的经济政策不确定性指数加权平均得到年经济政策不确定指数，表示为式（1）：

$$epu_{it} = \frac{\sum\limits_{m=1}^{12} epu_{im}}{12} \tag{1}$$

式（1）中，i 表示中国，t 表示年份，m 表示月份。

2. 我国经济政策不确定性的特征事实

图 1 展示了 2002~2019 年中国经济政策不确定性指数的基本特征。可以直观看出，经济政策不确定性呈现出明显的波动特征，其中 epu 指数出现三次大幅上升，分别是在 2008 年、2011 年和 2015 年；在 2005 年之前比较平缓；在 2018 年、2019 年经济政策不确定性指数趋于上升。2008 年 epu 大幅上升的原因是受美国次贷危机影响而引发的全球金融危机；2012 年我国 epu 上升主要是受欧洲债务危机的进一步影响；2015 年经济政策不确定性指数增加是因为 2015 年是我国第十三个五年规划的开启之年，各项政策需要进一步的改进和完善，同时也受到欧洲难民危机等国际形势的影响。此外，还可以观察到经济政策不确定每经过大幅上升后能够在较短时间内降下来，表明我国经济政策出台迅速，政策效应明显。

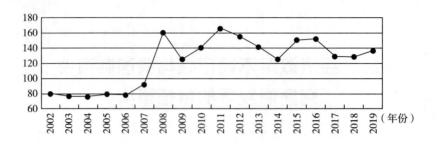

图1　2002~2019年中国经济政策不确定性指数

（二）我国制造业高质量发展的特征事实

我国制造业在向工业化和现代化推进的过程中，需要积极有效地对制造业进行产业结构调整，推进制造业产业转型升级，从而有效地促进制造业高质量发展。当前，有关制造业高质量发展的测算并没有统一的标准或衡量指标，考虑到数据的可得性和时效性，本节利用已获得的各省市制造业出口数据，以制造业出口技术复杂度作为衡量制造业高质量发展的指标，揭示我国整体层面以及地区层面制造业高质量发展的特征事实。

1. 我国制造业高质量发展的测算指标

借鉴 Hausmann 等（2007）的方法，通过以下两步计算我国制造业出口技术复杂度，以其作为衡量制造业高质量发展的代理指标。首先第一步计算行业 k 在 t 时期的出口技术复杂度 $prody_{kt}$，其计算见式（2）：

$$prody_{kt} = \sum_j \frac{\left(\frac{x_{jkt}}{X_{jt}}\right)}{\sum_j \left(\frac{x_{jkt}}{X_{jt}}\right)} Y_{jt} \tag{2}$$

式（2）中，$\sum_j \left(\frac{x_{jkt}}{X_{jt}}\right)$ 代表 t 时期各省 k 行业出口占总出口的比重之和，$\frac{x_{jkt}}{X_{jt}}$ 表示 t 时期 j 省 k 行业出口占 j 省出口总额的比重，Y_{jt} 表示的是 j 省 t 时期的人均实际 GDP。根据式（3）可以计算出各省的制造业出口技术复杂度：

$$expy_{jt} = \sum_k \left(\frac{x_{jkt}}{X_{jt}}\right) prody_{kt} \tag{3}$$

式（3）中，$expy_{jt}$ 表示的是 t 时期 j 省所有行业的 $prody_{kt}$ 的加权平均。各省的制造业出口数据来源于国研网对外贸易数据库，选取了 HS 两位码中 2002~2019 年 31 个省份制造业的出口数据，各省份 2002~2019 年人均实际 GDP 数据来源于国家统计局。

2. 我国制造业高质量发展水平的具体测算结果

总体来看，如图 2 所示，2002～2019 年，以出口技术复杂度衡量的我国制造业高质量发展水平在波动中趋于上升，但区域间制造业出口技术复杂度水平的均值存在较大的差异，东部地区的平均值高于中西部地区出口数据。

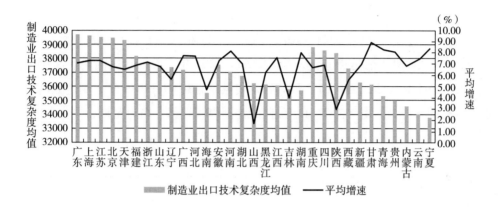

图 2　2002～2019 年我国制造业高质量发展水平和增长率

进一步展示 2005 年、2010 年、2015 年和 2019 年的分地区的制造业高质量发展水平：如表 1 所示，从东部地区来看，各省市制造业出口技术复杂度水平均呈现上升态势。其中，2005 年，制造业出口技术复杂度最低是海南 0.57，广东、江苏和天津均为 1.01；到了 2019 年，制造业出口技术复杂度最高的为北京、上海和广东，其值均为 7.07，最低的是海南和山东。

表 1　东部地区主要年份各省份制造业高质量发展水平

省份＼年份	2005	2010	2015	2019
辽宁	0.74	3.44	5.34	6.92
北京	0.96	3.74	5.57	7.07
福建	0.89	4.02	5.28	6.85
广东	1.01	4.22	5.46	7.07
海南	0.57	3.29	5.32	6.84
河北	0.72	3.25	5.19	6.75
江苏	1.01	3.66	5.48	7.05
山东	0.77	3.41	5.28	6.84
上海	1.00	3.72	5.53	7.07

省份 \ 年份	2005	2010	2015	2019
天津	1.01	3.67	5.53	7.05
浙江	0.87	3.39	5.28	6.89

如表2所示，中部地区2005～2019年制造业高质量发展水平涨幅最大的是山西，为87.62%，涨幅最小的是黑龙江，为84.5%。2005年，中部地区制造业高质量发展水平最低的省份是山西，为0.37，最高的是安徽，为0.80；2019年，制造业高质量发展水平最高的省份是河南，为7.11，最低的是湖南和吉林，均为6.82。

表2　中部地区主要年份各省份制造业高质量发展水平

省份 \ 年份	2005	2010	2015	2019
黑龙江	0.71	3.30	5.27	6.89
吉林	0.60	3.33	5.27	6.82
安徽	0.80	4.00	5.40	6.98
河南	0.70	3.19	5.47	7.11
湖北	0.77	3.41	5.25	6.93
湖南	0.69	3.22	5.31	6.82
江西	0.72	3.27	5.19	6.89
山西	0.37	3.19	5.39	7.09

如表3所示，西部地区2005～2019年制造业高质量发展水平也呈上升态势，其中涨幅最大的是甘肃，为88.13%，最低的是四川，为83.85%。2005年，制造业高质量发展水平最高的是重庆，为0.82，最低的是陕西，为0.57；2019年，制造业高质量发展水平最高的是陕西，为7.22，最低的是宁夏，为6.48。

表3　西部地区主要年份各省份制造业高质量发展水平

省份 \ 年份	2005	2010	2015	2019
甘肃	0.65	3.93	5.25	7.01
贵州	0.66	2.96	5.27	6.96
内蒙古	0.63	3.06	5.02	6.63

续表

年份 省份	2005	2010	2015	2019
宁夏	0.65	2.92	4.97	6.48
青海	0.66	3.00	5.12	6.63
陕西	0.57	3.60	5.56	7.22
四川	0.80	3.52	5.50	7.16
西藏	0.75	3.20	4.99	6.83
新疆	0.76	3.17	5.06	6.82
云南	0.58	2.92	5.06	6.85
广西	0.68	3.87	5.41	6.92
重庆	0.82	3.49	5.56	7.21

通过以上对我国东、中、西部地区的具体分析，有以下几点结论：第一，自 2002 年以来，我国制造业出口技术复杂度呈上升趋势，表明各省份制造业高质量发展水平逐渐提升。第二，东部地区的制造业高质量发展水平最高，中部地区高于西部地区。第三，西部地区制造业高质量发展水平的增长幅度最大，达到了 85.94%；中部地区居中，为 85.76%；东部地区增速最小，为 83.65%。第四，各省份制造业高质量发展水平表现出较大差异，这与各省份的地理条件、行业发展水平以及政策措施等相关。

三、经济政策不确定性对我国制造业高质量发展影响的实证分析

（一）经济政策不确定性影响我国制造业高质量发展的作用机制

经济政策不确定性对我国制造业高质量发展的影响包括短期影响和长期影响两部分。短期内经济政策不确定性会抑制国民经济的增长和通货膨胀，并抑制企业进行技术创新等投资活动等，但是从长期来看，经济政策不确定性可以促使企业加大研发力度，促进产业升级。因此，结合已有研究，从以下两个角度来分析二者的影响机制。

从短期来看，一方面，经济政策的不确定性增加，由于企业内部难以获取对市场

行情的准确预期，被动地接受经济政策不确定性造成的冲击，因而企业会提高对风险的预期，选择放弃前期已经投入的人力、物力、财力等沉没成本而不是继续进行投资。因为对于企业而言，前期的沉没成本已经损失，继续进行投资面临的损失可能会更大。并且在不确定性增加时期，制造业企业的融资渠道受限，加大了企业的资金压力，因而企业偏向于削减劳动力、减少要素和中间产品的投入来降低企业运营成本，甚至偏向于延长设备的使用时间，进而引起单位时间内产量劳动生产率下降，产品成本上升，最终导致企业全要素生产率的下降，导致企业减少创新投资，从而抑制了制造业高质量发展。另一方面，短期内我国政府部门也会采取相应的措施来稳定市场经济，企业获得了政策补贴后，往往倾向于投入一些周期性短的创新产品研发来维持短期收益和市场，尽管这类产品创新大多属于低技术含量的创新，但在一定程度上也推动着技术的进步，从而短期内促进制造业高质量发展。经济政策不确定对制造业高质量发展的影响短期内有着两种不同的情况，前者和后者哪个作用更大，本文将通过随后的实证分析进一步探究。

从长期来看，首先，企业通过加大人力资本的投入，提高企业进行结构调整的灵活性，促进劳动生产率，有利于企业向更高技术的产业进步，从而促进制造业高质量发展。其次，企业为了维护其出口地位、减少不确定性风险的冲击和提升出口竞争力，会加大对 R&D 的投入，促进企业的创新投入。并且，企业的长期创新活动对制造业高质量发展的促进作用会超过经济政策不确定性对制造业高质量发展的抑制作用，因此企业创新投资的投入，促进了制造业高质量发展。其影响机制可归纳为图 3。

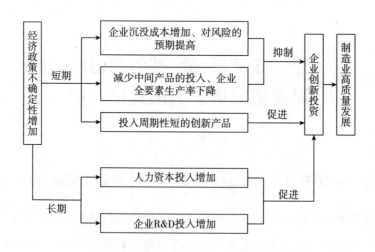

图 3 经济政策不确定性对制造业高质量发展的影响机制

（二）经济政策不确定性影响我国制造业高质量发展的计量检验

1. 模型构建和变量说明

借鉴卓乘风和邓峰（2019）的研究，构建经济政策不确定性指数影响制造业高质量发展的模型，具体设定为式（4）：

$$\ln expy_{jt} = \beta_0 + \beta_1 \ln epu_{jt} + \beta_2 \ln gdppc_{jt} + \beta_3 \ln trade_{jt} + \beta_4 edu_{jt} + \beta_5 \ln RD_{jt} + \mu_{jt} \tag{4}$$

式（4）中，$\ln expy_{jt}$ 表示 j 省 t 时期的制造业出口技术复杂度，以其衡量制造业高质量发展水平；epu_{jt} 代表 i 省 t 时期的经济政策不确定性指数；$gdppc_{jt}$、$trade_{jt}$、edu_{jt} 和 RD_{jt} 表示相关控制变量，μ 为随机误差项。除受教育年限外，各个被解释变量与解释变量均采用对数化处理，以削弱异方差可能产生的影响。

2. 变量选取与数据说明

被解释变量：制造业高质量发展水平（$expy$）。借鉴 Hausmann 等（2007）的方法，测算出制造业出口技术复杂度，以其来衡量制造业高质量发展水平。

核心解释变量：经济政策不确定性（epu），用我国经济政策不确定性指数来反映。借鉴 Baker 等（2016）的方法，利用他们发布的月度经济政策不确定性指数为基础，将其转化为年度指数。

控制变量。制造业高质量发展受多种因素的影响，为尽可能减少遗漏变量给模型估计带来的不利影响，借鉴相关研究，进一步控制以下变量：各地区人均 GDP（$gdppc$）、人力资本（edu）、贸易开放程度（$trade$）和技术创新水平（R&D）。根据 Hausmann 等（2007）的研究，经济发展水平与技术水平呈正相关关系。人力资本水平体现的是一个国家劳动力的素质，根据现代经济学的观点，人力资本水平越高，经济发展水平也相应越高。因此，人力资本水平的提高有利于制造业企业提升技术水平，以地区平均受教育年限来反映各地区人力资本水平（edu）。由于地区贸易开放程度的差异，采用各地区的进出口总额除以各地区的 GDP 来衡量地区贸易开放程度。借鉴李琛和赵军（2020）的衡量方式，采用各省份的 R&D 投入强度来衡量技术创新水平，其值等于地区研究与试验发展经费支出除以相应地区的 GDP。

地区人均 GDP 和地区贸易开放度（$trade$）从国家统计局网站收集，平均受教育年限（edu）通过各省份统计年鉴整理而来，各省 R&D 来源于 2002～2019 年中国研究与试验发展公报。表 4 为各变量的描述性统计。

3. 基本估计结果

采用面板数据的固定效应估计方法进行回归分析。结果如表 5 所示。表 5 中，第（1）列显示，核心解释变量 lnepu 的估计系数显著为正，其值为 1.995，这说明经济政策不确定性指数每增加 1%，制造业出口技术复杂度增加 1.995%，在逐步加入控制变量的基础上，经济政策不确定估计系数依然显著为正。实证结果表明，经济政策不确定性指数的上升，有利于我国制造业高质量发展。这是由于经济政策不确定性的提升使企业面对的风险上升，制造业企业为了维持其出口地位、降低不确定性风险，会主动地增加研发投入和提高出口产品技术，从而有利于制造业出口技术复杂度的提升，进而实现制造业高质量发展。

表4　各变量的描述性统计

变量	个体数	平均值	标准误	最小值	最大值
ln$expy$	558	10. 3276	0. 6874	8. 2106	11. 3882
lnepu	558	4. 7647	0. 2833	4. 3307	5. 1104
ln$gdppc$	558	10. 2437	0. 7811	8. 0886	12. 0090
edu	558	8. 5453	1. 2367	3. 7384	12. 7820
ln$trade$	558	− 1. 7007	1. 7479	− 5. 8624	2. 0303
lnRD	558	0. 0614	0. 7121	− 2. 1155	1. 8421

表5　基本回归结果

变量	(1)	(2)	(3)	(4)	(5)
lnepu	1. 995 ***	0. 435 ***	0. 461 ***	0. 497 ***	0. 486 ***
	(0. 0298)	(0. 0380)	(0. 0380)	(0. 0362)	(0. 0362)
ln$gdppc$		0. 848 ***	0. 663 ***	0. 518 ***	0. 511 ***
		(0. 0258)	(0. 0359)	(0. 0775)	(0. 0823)
edu			0. 224 ***	0. 201 ***	0. 200 ***
			(0. 0374)	(0. 0333)	(0. 0325)
ln$trade$				0. 0675 **	0. 0567 *
				(0. 0326)	(0. 0334)
lnRD					0. 108
					(0. 0636)
常数	0. 823 ***	− 0. 435 *	− 0. 574 **	1. 048	1. 167
	(0. 142)	(0. 217)	(0. 219)	(0. 791)	(0. 852)
样本数	558	558	558	558	558
R – squared	0. 683	0. 905	0. 911	0. 913	0. 913

注：括号内为稳健标准误，* 、** 、*** 分别表示10% 、5%和1%的统计显著性。

4. 稳健性分析

为验证基本回归结果的稳健性，排除模型中解释变量可能与随机误差项存在的相关关系，从两个方面进行了稳健性检验：

首先，参考 Fang 等（2015）的检验方法，在模型方程（4）中使用经济政策不确定性的滞后一期作为工具变量进行估计，结果如表6中第（1）列和第（2）列所示，不论是否加入控制变量，回归结果依然显著为正。其次，借鉴顾夏铭等（2018）的检验方法，我们用美国的经济政策不确定性指数作为工具变量来替代我国的经济政策不确定性指数进行回归分析来检验经济政策不确定性对制造业高质量发展的影响。结果如表6第（3）列和第（4）列所示，研究结果表明，经济政策不确定性的估计系数在1%的显著性水平下为正，这与基本回归结果一致。实证结果进一步表明经济政策不确定性对制造业高质量发展具有显著的影响。

表6　稳健性检验结果

变量	用经济政策不确定性的滞后一期作为工具变量		用美国的经济政策不确定性指数衡量	
	（1）	（2）	（3）	（4）
lnepu	2.387***	0.795***		
	(0.0763)	(0.106)		
lnUSAepu			1.315***	0.335***
			(0.0234)	(0.0182)
lngdppc		0.320***		0.655***
		(0.0921)		(0.0833)
edu		0.212***		0.172***
		(0.0365)		(0.0328)
lntrade		0.0934***		0.0562
		(0.0299)		(0.0351)
lnRD		0.0965		0.0898
		(0.0706)		(0.0713)
Constant	-0.977**	1.890***	4.113***	0.656
	(0.384)	(0.708)	(0.111)	(0.866)
Observations	527	527	558	558
R-squared	0.606	0.895	0.249	0.913
识别不足检验	232.852***	78.785***		
弱工具变量检验	1091.166	131.899		

注：括号内为稳健标准误，*、**、***分别表示10%、5%和1%的统计显著性。

5. 分组回归结果分析

（1）金融危机前后的回归结果。2008 年的金融危机对我国制造业出口带来了重要冲击，为考察金融危机前后经济政策不确定性对我国制造业高质量发展的影响效应是否一致，将金融危机前的 2002~2008 年作为第一组，金融危机后的 2009~2019 年作为第二组，并在此基础上进行回归分析加以探讨，其回归结果如表 7 所示。

表 7　分组检验结果

变量	危机前	危机后	东部地区	中部地区	西部地区
ln*epu*	0.446 ***	− 0.0518	0.519 ***	0.571 ***	0.435 ***
	(0.0537)	(0.0479)	(0.0318)	(0.0599)	(0.0545)
ln*gdppc*	0.665 ***	0.345 ***	0.274 ***	0.501 ***	0.603 ***
	(0.178)	(0.0974)	(0.0815)	(0.0849)	(0.116)
edu	0.597 ***	0.106 ***	0.128 **	0.252	0.248 ***
	(0.0762)	(0.0267)	(0.0415)	(0.143)	(0.0437)
ln*trade*	− 0.116	0.135 ***	0.177 ***	0.0637	0.0128
	(0.0946)	(0.0305)	(0.0364)	(0.0586)	(0.0500)
ln*RD*	0.142	0.0249	0.142	− 0.0368	0.0530
	(0.122)	(0.0820)	(0.0982)	(0.172)	(0.0872)
Constant	− 3.871 *	6.513 ***	3.900 ***	0.498	0.254
	(2.130)	(0.923)	(0.971)	(1.758)	(1.224)
样本数	217	341	216	144	234
R − squared	0.658	0.885	0.917	0.902	0.916

注：括号内为稳健标准误，＊、＊＊、＊＊＊分别表示 10%、5% 和 1% 的统计显著性。

从表 7 中可以看出，金融危机前，经济政策不确定性对制造业出口技术复杂度的影响在 1% 的水平下为正，这与基本回归分析的结果一致。但是金融危机后，经济政策不确定性的估计系数为负但不显著。这可能是由于金融危机后全球经济衰退，短期内制造业企业出口信心受到了巨大的打击，企业经营资本一时难以得到缓解，对市场预期抱有消极态度。因此，企业会通过大量削减员工等方式降低成本，进而引起劳动生产率下降，短期内企业会在一定程度上减少对创新的投资，从而给制造业高质量发展带来了一定不利影响。

（2）分区域的回归结果。考虑到东中西部地区之间的制造业高质量发展水平存在一定显著的差异，将东、中、西三大地区进行回归分析，以探究经济政策不确定性对不同区域制造业高质量发展的影响是否存在差异。如表 7 所示，回归结果表明，经济政策不确定性指数对我国东、中、西部地区的影响均在 1% 的水平上显著为正，这与基本回归结果的结论一致。但是经济政策不确定性指数对三个地区的效应并不存在显著差异，这可能是由于样本量较少的问题。

根据现有的样本和估计方法来看，经济政策不确定性对中部地区的影响程度最大，经济政策不确定性指数每增加1%，制造业出口技术复杂度提高0.571%，其次是东部地区和西部地区。可能的原因是由于东部地区经济发展更为成熟，市场体制更为完善，因此面对经济政策不确定性的冲击企业更能有效地应对；西部地区由于其制造业发展相对滞后，制造业规模较小，经济政策不确定性带来的影响相对小一些。

四、结论与政策建议

（一）基本结论

通过对经济政策不确定性和制造业高质量发展之间相关关系的研究分析，可以总结得出以下结论：第一，我国制造业高质量发展水平存在显著的地区差异。第二，从总体上看，经济政策不确定性对我国制造业高质量发展具有显著的正向影响。第三，从金融危机前后的检验来看，回归结果存在显著差异。金融危机前，经济政策不确定性能够促进制造业高质量发展；金融危机后，经济政策不确定性的效应不显著。第四，经济政策不确定对不同地区制造业高质量发展的影响程度不同，但是其结果并不存在显著的差异。

（二）政策建议

一方面，我国正处于"十四五"经济发展的新起点，国内经济发展进入高质量发展阶段，越来越重视推动制造业高质量发展；另一方面，全球经济发展形势依然严峻，中美贸易摩擦依然存在，新冠肺炎疫情仍在持续，国际经济环境不确定性依然较大，在此环境下必须推动我国制造业高质量发展。结合上述实证分析结论，从政府和企业这两个层面提出以下政策建议：

1. 政府层面

首先，经济政策不确定性能够通过刺激企业创新从而促进我国制造业高质量发展，但是短期内经济政策不确定性的增加，会造成企业全要素生产率降低，企业生产成本增加，会促使企业降低投资水平。因此，在不确定性风险增加时，政府部门可以增加对制造业企业的政策扶持和政府补贴，如提供出口退税优惠税率、精简出口申报程序等，以此来缓解制造业企业短期资金压力，并提高企业对不确定性风险的信心。同时，考虑到技术密集型产业在我国制造业高质量发展具有更加重要的地位，所以政策扶持应具有针对性，要倾向于技术密集型的制造业，重点扶持高新技术行业，以此来推动制造业高质量发展。

其次，结合前文经济政策不确定性对制造业高质量发展的影响机制，政府部门应当进一步提高研发经费预算，加快引导和推动企业进行技术创新，促使我国制造业技术水平提升；推动企业提升研究经费和员工素质培训补贴，推动产学研合作创新水平。要根据各地区经济发展的不平衡性和差异性，从地区实际情况出发，充分利用地区资源，有针对性地提升制造业出口产品核心竞争力，进而促进制造业高质量发展。

最后，考虑到金融危机前后，经济政策不确定性对我国制造业高质量发展的影响不一致，因此，政府部门要提升经济政策的稳定性和连贯性，及时有效地发布国内外经济政策信息，以便企业能够及时地做出投资规划。

2. 企业层面

首先，考虑到经济政策不确定性在短期内对企业的冲击，且产品研发和技术创新所需要花费的时间较长。因此，企业要理性地看待经济政策不确定性增加所产生的负面影响，在不确定性增加时，要及时研判企业自身所暴露的问题，精准定位，抓住机遇，及时调整。同时，企业要根据自身所处的地区实际制定合理的企业经营方案，注重科技创新，积极主动地提高产品技术含量，提升制造业出口产品质量及其核心竞争力，从而推动制造业高质量发展。

其次，由于人力资本能够促进制造业高质量发展，因此制造业企业要积极地引进优秀人才，制定良好的创新研发激励机制，努力创造优良的研发环境，以此来提高企业的创新活力。加强对员工的技能培训，提高企业资源使用效率。要根据自身实际情况，有针对性地学习国外先进的技术经验和管理经验，从模仿到超越，突破自我，不断实现产品革新，从而促进制造业高质量发展。

最后，进一步引导企业要增强危机意识，了解和把握制造业出口相关政策和国际贸易相关规则，建立合理的出口产品风险应对机制，增强自身抵抗经济政策不确定风险的能力，以有效应对全球经济环境变化，减弱经济政策不确定性对制造业高质量发展的不利影响。

参考文献

[1] Baker S. R., Bloom N., Davis S. J. Measuring Economic Policy Uncertainty [J]. The Quarterly Journal of Economics, 2016, 131 (4): 1593 – 1636.

[2] Fang V. W., Tian X., Tice S. Does Stock Liquidity Enhance or Impede Firm Innovation? [J]. The Journal of Finance, 2014, 69 (5): 2085 – 2125.

［3］Handley K. , Limao N. Trade and Investment under Policy Uncertainty：Theory and Firm Evidence ［J］. American Economic Journal Policy, 2015, 7（4）：26 – 35.

［4］Handley K. Exporting under Trade Policy Uncertainty：Theory and Evidence ［J］. Journal of International Economics, 2014, 94（1）：50 – 66.

［5］Hausmann R. , Hwang J. , Rodrik D. What You Export Matters ［J］. Journal of Economic Growth, 2007, 12（1）：1 – 25.

［6］岑丽君. 中国在全球生产网络中的分工与贸易地位——基于 TiVA 数据与 GVC 指数的研究 ［J］. 国际贸易问题, 2015（1）：3 – 13 + 131.

［7］陈晓华, 李妮丹. 城市化对中国制造业出口技术复杂度影响的实证分析 ［J］. 西安电子科技大学学报（社会科学版）, 2017, 27（3）：31 – 44.

［8］程锐, 马莉莉. 制造业出口高质量升级的内源动力：人力资本的结构演进视角 ［J］. 商业经济与管理, 2020（4）：68 – 87.

［9］顾夏铭, 陈勇民, 潘士远. 经济政策不确定性与创新——基于我国上市公司的实证分析 ［J］. 经济研究, 2018, 53（2）：109 – 123.

［10］黄宁, 郭平. 经济政策不确定性对宏观经济的影响及其区域差异——基于省级面板数据的 PVAR 模型分析 ［J］. 财经科学, 2015（6）：61 – 70.

［11］李琛, 赵军, 刘春艳. 双向 FDI 协同与制造业出口竞争力升级：理论机制与中国经验 ［J］. 产业经济研究, 2020（2）：16 – 31.

［12］李惠茹, 潘涛. OFDI 逆向技术溢出对制造业出口技术复杂度的影响 ［J］. 社会科学家, 2020（9）：98 – 103.

［13］刘英基. 知识资本对制造业出口技术复杂度影响的实证分析 ［J］. 世界经济研究, 2016（3）：97 – 107 + 136.

［14］饶品贵, 岳衡, 姜国华. 经济政策不确定性与企业投资行为研究 ［J］. 世界经济, 2017, 40（2）：27 – 51.

［15］王岚. 融入全球价值链对中国制造业国际分工地位的影响 ［J］. 统计研究, 2014, 31（5）：17 – 23.

［16］席艳乐, 汤恒运, 魏夏蕾. 经济政策不确定性波动对中国出口技术复杂度的影响——基于 CEPII – BACI 数据库的实证研究 ［J］. 宏观经济研究, 2019（5）：20 – 32.

［17］杨虎涛. 制造业高质量发展既要重"量"更要重"质" ［N］. 经济日报, 2020 – 12 – 30（11）.

［18］姚战琪. 人力资本、协同集聚对出口技术复杂度的影响：基于有调节的中介效应视角［J］. 西安交通大学学报（社会科学版）, 2020, 40（4）：80 – 90.

［19］余杰, 黄孝武. 中国宏观经济不确定性的经济效应 ［J］. 中央财经大学学报, 2020（12）：78 – 94.

［20］袁宝龙, 李琛. 创新驱动我国经济高质量发展研究——经济政策不确定性的调节效应

［J］. 宏观质量研究，2021，9（1）：45 - 57.

　　［21］张倩肖，冯雷. 宏观经济政策不确定性与企业技术创新——基于我国上市公司的经验证据［J］. 当代经济科学，2018，40（4）：48 - 57 + 126.

　　［22］卓乘风，邓峰. 互联网发展如何助推中国制造业高水平"走出去"？——基于出口技术升级的视角［J］. 产业经济研究，2019（6）：102 - 114.

湖南提升产业基础能力和产业链水平的政策*

内容提要： 在加快构建形成以国内大循环为主体、国内国际双循环相互促进的新发展格局中，湖南应充分发挥资源禀赋和前期积淀优势。从提升产业基础能力和产业链现代化水平的现状出发，认真研究产业基础能力和产业链整体素质与综合竞争力；湖南产业的"缺芯""少核""弱基"的困境需要；产业综合创新能力和产业创新生态系统建设等方面分析原因和找出路，以先进制造业为主攻方向，推动产业高端化、智能化、绿色化、融合化发展，不断提升产业基础能力和产业链现代化水平，建设具有全国竞争优势的先进制造业示范引领区。

关键词： 产业基础能力；产业链水平；政策

核心观点：

（1）以"需求牵引、应用导向"的应用基础研究来框定当前需要强化的基础研究，引导高校科研院所、新型研发机构及企业等创新主体合力攻关当前需要强化的基础研究，实现跨界、跨领域的核心技术突破。

（2）聚焦制度创新要素协调联动，以产业政策、人才政策、财政政策、贸易政策、金融政策等要素协同为生态系统，促进人才、资本、信息、技术、大数据等要素的自由流动和深度融合，释放创新活力和效能。

（3）拓宽区域产业基础高级化和产业链现代化的地理空间范围，运用新一代数字技术对实体经济尤其是制造业赋能，依托区域内外产业发展资源，做好产业数字化和数字产业化两篇文章。

---

* 本文是湖南省社科智库专项一般项目"推动湖南财政高质量发展的政策研究"（19ZWC01）、湖南省教育厅一般项目"湖南数字经济发展与数字化转型政策研究"的阶段性研究成果。

一、引言

习近平总书记在中央经济工作会议上强调，健全体制机制，打造一批具有国际竞争力的先进制造业集群，提升产业基础能力和产业链现代化水平。要根据各地区的条件，充分发挥集中力量办大事的制度优势和超大规模的市场优势，打好产业基础高级化、产业链现代化的攻坚战。2020 年 9 月，习近平总书记亲临湖南考察，赋予湖南"三个高地"战略定位和"四新"使命任务，强调要坚定不移把制造业和实体经济做强做优做大，有序推进产业结构优化升级，加快发展优势产业，着力筑牢产业基础，推动产业链现代化。湖南省委、省政府认真贯彻落实习近平总书记考察湖南重要讲话精神，大力实施"三高四新"战略，深入调查研究，落实《湖南省国民经济和社会发展第十四个五年规划和二〇三五年远景目标纲要》《湖南省"十四五"战略性新兴产业发展规划》和《湖南省打造国家重要先进制造业高地"十四五"发展规划》，围绕 22 条产业集群（产业链）提出全面实施产业链"链长制"，政策效能不断释放。在加快构建形成以国内大循环为主体、国内国际双循环相互促进的新发展格局中，湖南应充分发挥资源禀赋和前期积淀优势。以先进制造业为主攻方向，推动产业高端化、智能化、绿色化、融合化发展，不断提升产业基础能力和产业链现代化水平，建设具有全国竞争优势的先进制造业示范引领区。

二、提升产业基础能力和产业链现代化水平的短板

产业基础能力是产业高质量发展的根基和动力源，决定着一个区域乃至国家的产业竞争力，决定着产业链水平高低。提升产业基础能力，推动产业基础高级化是实现产业链现代化的关键和核心路径。近年来，湖南产业基础能力和产业链水平实现了大幅提升。

（一）国家级、世界级梯度晋升的先进制造业集群初见雏形

持续推进工业新兴优势产业链建设，提升产业链供应链现代化水平，形成具有核心竞争力并从省级向国家级、世界级梯度晋升的先进制造业集群。重点是以代表国家

参与全球竞争、实现并跑、领跑为目标，努力将工程机械、轨道交通装备、中小航空发动机打造为三大世界级先进制造业集群。以支撑三个世界级产业集群为定位，培育信创产业、先进材料、节能环保新能源三个国家级产业集群。以满足人民衣食住行、健康和养老等美好生活需要为定位，改造提升食品、生物医药等传统产业，形成一批经典产业集群。以维护产业链供应链安全和抢占未来发展机遇为定位，培育发展智能网联汽车、5G + 工业互联网、移动互联网等新兴产业，形成一批新的支柱产业集群。2020 年出台进一步提升工业新兴优势产业链现代化水平政策，坚持补短板与锻长板相结合，突出抓领军企业培育，实施中联智慧产业城、三一智联重卡和道依茨发动机等产业链补短板锻长板项目，形成一批新增长点，工业新兴优势产业链建设取得新进展。一是优势产业链的集群竞争力进一步提升。工程机械克服疫情影响保持高质量发展，主要经济指标均创历史最高水平，2020 年 1 ~ 10 月营业收入、利润同比分别增长47.9% 和48.8% 。轨道交通装备 1 ~ 10 月营业收入增长 10.1% ，成功研发全球最大功率电力机车"神24"等创新产品。中小航空发动机为代表的航空航天 1 ~ 10 月营业收入增长 14.7% 。二是战略产业链为解决"卡脖子"问题做出湖南贡献。1 ~ 10 月，电子信息制造业增加值增长 15.2% 。成功举办 2020 世界计算机大会。信创产业链构建"两芯一生态"格局，IGBT、碳化硅等新一代半导体加速布局发展，聚集产业链上下游企业 200 多家。新型显示器件产业链实施"强玻引屏补端"工程，惠科光电、比亚迪电子、湖南邵虹等重点项目加快推进，产业链规模效应显现，预计全年实现收入 600亿元，同比增长 33% 。三是新兴产业链生态不断完善。持续抓移动互联网产业，出台产业政策 3.0 版，连续举办 7 届互联网岳麓峰会，全年营业收入预计超过 1600 亿元，同比增长 20% 以上，全省移动互联网企业超过 4 万家。工业互联网快速发展，累计建设工业互联网平台近 100 个，2020 年获得工信部工业互联网创新发展工程专项支持项目数量居中西部地区第一位。

（二）打好关键核心技术攻坚战，制造业创新能力提升明显

围绕产业链部署创新链、围绕创新链布局产业链，对接国家重大战略，参与国家"揭榜挂帅"，开展制造业关键核心技术攻关。引导创新资源向产业链和先进制造业集群优先配置，支持大型企业牵头组建技术创新联合体，激发中小企业创新活力，系统集成大中小企业创新链力争成为国家创新链，建设一批具有领先优势的研发平台。引导支持省内中小企业与先进制造业集群龙头企业配套，构建产业链供应链安全预警指标体系，建设产业链自主供应链，出台供应链替代备选方案。支持重大产品创新，加大首台（套）重大技术装备、首批次重点新材料推广应用。落实国家"振芯铸魂"、重大短板装备、工业强基等战略部署，梳理产业链供应链短板弱项，组织企业承担国

家"揭榜挂帅"项目,协同攻克制约产业链和集群发展的核心技术、短板装备和关键材料。一是搭建创新平台。加快构建以企业为主体的技术创新平台体系,布局一批代表国家水平的标志性创新平台,创建一批具有国际影响力的产业交流平台和相关制造业创新平台,中国长城特种计算机研发中心落户长沙。二是加快创新成果转化。68 台(套)设备获得国家首台(套)重大技术装备保险补偿补助 6800 万元,27 个项目获得国家重点新材料首批次保险补偿补助 3209 万元,铁建重工大直径泥水平衡盾构机、中电 48 所高能离子注入机、响箭重工 5G 智能化混凝土泵车等多项重大装备技术水平超过或接近国外同类产品,填补了国内空白。三是支持企业创新突破。三一联合华菱攻克工程机械用关键钢铁材料,大幅降低了产品成本。圣湘生物等 5 家企业获批 2020 年度国家技术创新示范企业,认定数量居全国第 2 位。

(三)智能制造升级,数字化网络化智能化赋能初见成效

聚焦"互联网 + 智能制造",下好数字经济发展先手棋,加快制造业数字化改造、网络化协同、智能化升级,提升行业整体竞争力。一是抢先布局数字经济。出台数字经济发展五年规划,以及工业互联网 APP、大数据、人工智能等产业行动计划。系统布局新型基础设施建设,发布"数字新基建"100 个标志性项目,建设 12 个大数据产业园、2 个省级区块链产业园和 1 个人工智能产业园,加快 5G 网络的规模化部署,1 ~ 11 月累计新开通 5G 基站 21734 个。二是加快工业互联网创新应用。发布 5G 典型应用场景 30 个,设立首个"5G + 工业互联网"先导区,推动工业互联网在工程机械等产业领域的融合创新,在长沙先进储能材料等 17 个省级先进制造业集群建设工业互联网应用场景。三是深化智能制造发展。持续实施智能制造工程专项行动,27 个列入工信部智能制造专项项目已有 18 个竣工并通过验收,新认定 2020 年省级智能制造示范企业 7 个、智能制造示范车间 26 个,建成了离散型智能制造的三—18 号厂房等一批可复制可推广的智能制造样板,湖南智能制造从初期的知识普及、试点示范阶段,进入到当前的深化应用和全面推广阶段。

三、提升产业基础能力和产业链现代化水平的短板

高能级产业基础和现代化产业链是现代经济体系的重要特征。产业基础能力高级化、产业链现代化是实现高质量发展的必由之路。产业基础能力提升是产业链现代化的重要前提,产业链现代化水平是产业基础能力具有国际比较优势的核心标志。早在

2015 年,湖南省委、省政府就按照习近平总书记"围绕产业链部署创新链,围绕创新链部署资金链"的要求谋划发展,创造性地把总书记抓产业链发展的重要指示精神坚决落到实处。近年来,湖南省委、省政府率先组织研究并大力培育工业新兴优势产业链,湖南制造业一年一个新变化。工业引领作用实现有力回归。3 年中,全省近 5000 家规模工业企业在供给侧结构性改革中退出市场。由于工业新兴优势产业链蓬勃发展,每年新培育 2000 家左右企业规模工业企业,新旧动能实现平滑转换,规模工业增加值增速稳步上升。2019 年前三季度,规模工业对全省经济增长贡献率达 40.1%,20 个工业新兴优势产业链总体规模突破 1 万亿元。部分领域的国际竞争力与影响力呼之欲出。部分产业链成为国家重大战略"揭榜挂帅"重要力量,有些成为国家战略的重要组成部分。湘江新区建成国家级智能网联汽车测试区,株洲国创成为全国唯一先进轨道交通装备制造业创新中心。湖南作为国家重要制造业中心,产业基础较好、发展势头强劲,装备制造业已成万亿产业,其中电工电器、工程机械、汽车及零部件、重型矿山机械等子产业已过千亿元。但制造业在产业基础能力、产业链控制力、产业整体竞争力等方面仍存在薄弱环节,产业链现代化水平有待提高。继续引导支持企业重点围绕提升产业基础能力、突破产业链关键核心技术薄弱环节、维护产业链安全等领域加大投资力度,抢抓 5G、工业互联网、数据中心等新型基建投资机遇。

(一) 产业基础的整体素质和综合竞争力还有待提高

产业基础高级化是产业链现代化的前提与条件,产业链现代化是产业基础高级化的现实成果与最终体现,两者相辅相成、不可分割。技术创新能力是衡量产业基础质量水平的重要标志。应加大对产业基础体系的创新投入,要将提升基础研究能力作为构建产业创新生态系统的重中之重。产业链是指各个产业部门基于一定的投入产出关系、逻辑关系和时空布局关系而形成的一种链条式关联形态。产业链的本质是一种跨产业的技术经济关联,一般可以从价值链、企业链、供需链和空间链四种维度予以考察其运作形态,反映了不同产业部门之间分工合作、互补互动和协调运行的逻辑机制。产业链描述了产品或服务生产运作的全过程,从原材料、能源动力、产品研发、零部件、中间投入品、最终品制造,到流通、营销和消费,是价值创造、生产过程、价值交换和价值实现的统一整合。产业链现代化是产业体系现代化的延伸与细化,其根本内涵是根据现代产业体系的演化规律与发展趋势,通过应用先进科学技术和创新产业组织方式对传统产业链进行改造和升级,使产业链体系更为完善且更具生产力。对一个国家来说,产业链现代化水平的提升意味着该国对产业链的自主建设能力、向上游攀升能力和领导控制能力的提升,是该国产业体系全球竞争力持续改善的实体保证和现实体现。

不难看到,产业基础高级化和产业链现代化之间有着密切的关联。产业基础高级化是产业链现代化的前提与条件,产业链现代化是产业基础高级化的现实成果与最终体现,两者相辅相成、不可分割。因此,推进产业基础高级化与提升产业链现代化这两项重要工作,必须系统谋划,并行联动,统筹推进。

(二)湖南产业的"缺芯""少核""弱基"的困境需要突破

我国成为全世界唯一拥有全部工业门类的国家,不仅制造业规模居全球首位,产业基础能力得以快速改善,高级化水平也在不断提升。湖南创新关键指标快速提升,区域创新综合实力显著增强,全省高新技术产业连续保持14%以上的增速。2019年实现增加值9472.9亿元。2019年,湖南获得国家科技奖励31项,年度获奖数超出全国1/10,充分彰显了科技创新的丰厚底蕴和巨大潜能。科创实力的增强得益于舍得投入研发经费。2019年湖南研发经费投入总量达787.16亿元。据数据统计分析,湖南是研发经费投入总量和强度排名同步提升的全国唯一省份。当前,以创新型省份建设为统揽,一批服务国家战略、引领地方发展的重大创新平台正加快布局建设。长株潭自创区"三区一极"效应凸显,打造了一批开放合作的区域创新高地,国家级重大科技创新平台加速布局建设。目前,全省共有国家级重点实验室19家、省级310家,国家级工程技术研究中心14家、省级429家。这是集聚人才资源、开展产学研协同攻关的重要支撑力量。

紧扣科学谋划"十四五",着力打造具有核心竞争力的科技创新高地,关于全省科技创新的蓝图正在描绘。下一阶段,湖南将实施领先科技创新行动,建设长株潭国家区域科技创新中心;实施关键核心技术攻关行动,建设具有核心竞争力的现代产业体系和创新型经济;着力打造以"两山两区"为核心,多点多极支撑的科技创新基地;大力培育创新主体,提升自主创新能力;构筑开放合作、富有活力的开放创新生态;加强引才营智环境建设,打造高端人才蓄水池。

(三)产业综合创新能力和产业创新生态系统建设还有待提升

技术创新能力是衡量产业基础质量水平的重要标志。应加大对产业基础体系的创新投入,要将提升基础研究能力作为构建产业创新生态系统的重中之重。建议构建"基础研究+技术攻关+成果产业化+科技金融+引导本土需求"的全过程科技创新生态链,加强材料、工艺、零部件等多领域创新主体协同研发,探索科技与产业协调、成果和应用互动的新模式,提高关键环节和重点领域的创新能力。同时,引导本土需求非常重要,这将为基础材料、基础零部件、基础工艺、基础技术和基础软件的本土化自主创新成果的成长提供应用机会。很多新材料、新产品在推向市场之初难以获得证明自己的机会，而机会越少就越难以通过试错进行完善，向高端产品跃升。为此，要从政策上引导和支持大型下游企业，通过分散采购的方式为新产品提供一定的应用和发展空间。这应该作为本国企业在推进产业基础高级化和提升产业链现代化方面的一项社会责任和历史担当。从内部看，迈向高质量发展阶段，在制造业领域，各种发展不平衡、不充分问题集中体现在产业基础薄弱上。中信改革发展研究院研究员朱明皓列举道，一些"卡脖子"的核心基础零部件、关键基础材料仍大量依赖进口，部分产品质量可靠性和一致性差，试验验证能力较弱。

相关数据显示，我国在核心基础零部件、关键基础材料、基础技术和工业等产业对外技术依存度在50%以上。以集成电路产业为例，我国每年消费的集成电路价值约占全球出货量的33%，但集成电路产业规模仅占全球集成电路总规模约7%，80%的集成电路依赖进口。当前，我国产业基础能力提升面临着创新引领意识不足、科技创新体系不完善和研发投入中基础研究持续偏低等问题。这些问题既是过去长期积累的结果，也是新形势下提出的新要求。

四、提升产业基础能力和产业链现代化水平的政策建议

要充分发挥集中力量办大事的制度优势和超大规模的市场优势，以夯实产业基础能力为根本，以自主可控、安全高效为目标，以企业和企业家为主体，以政策协同为保障，坚持应用牵引、问题导向，坚持政府引导和市场机制相结合，坚持独立自主和开放合作相促进，打好产业基础高级化、产业链现代化的攻坚战。要实施产业基础再造工程，做好顶层设计，明确工程重点分类组织实施，增强自主能力。要打造具有战略性和全局性的产业链，围绕"巩固、增强、提升、畅通"八字方针，支持上下游企业加强产业协同和技术合作攻关，增强产业链韧性，提升产业链水平，在开放合作中形成更强创新力、更高附加值的产业链。要建立共性技术平台，解决跨行业、跨领域的关键共性技术问题。要发挥企业家精神和工匠精神，培育一批"专精特新"中小企业。

（一）强化基础研究

基础研究是技术创新的源头和动力，出台"强化基础研究""加强应用基础研究"等针对性文件，构建持续推进工作机制，围绕22条产业链鼓励和引导高校科研院所进行重大基础科学研究。与在湘高校科研院所合作共建项目，持续加大基础研究研发

投入。

探索基础研究与应用基础研究同频共振。基础研究与应用基础研究的良性互动是突破关键核心技术的前提。要深入研判湖南当前形势下产业高质量发展需求,以"需求牵引、应用导向"的应用基础研究来框定当前需要强化的基础研究。引导高校科研院所、新型研发机构及企业等创新主体合力攻关当前需要强化的基础研究,实现跨界、跨领域的核心技术突破。

(二)促进制度创新要素协同发力

关键核心技术攻关是一项系统性工程,除需要强化基础研究等科技创新外,也需要创新土壤的改良。要聚焦制度创新要素协调联动,坚持有为政府和市场机制相结合,打破体制机制约束,以产业政策、人才政策、财政政策、贸易政策、金融政策等要素协同为生态系统,促进人才、资本、信息、技术、大数据等要素的自由流动和深度融合,释放创新活力和效能,不断驱动技术创新向高阶演进。

着力突破区域产业治理,持续提升产业链现代化水平区域的产业发展除受地理空间限制外,还深受该区域传统优势产业基础与外部关联产业基础的影响。随着数字信息技术的日益渗透和区域融合发展战略的强化,传统区域产业分工格局和市场分布遭遇冲击,产业原始升级路径被打破,产业发展的区域界线正逐渐淡化。比如,产业向特定空间区域集聚的效应不断增强,跨区域产业协同融合发展的态势不断增强,区域产业基础设施的新动能化不断增强,区域产业结构升级的动态化不断增强。因此,区域产业链现代化水平的提升,需紧密围绕新形态下的区域产业治理展开。

(三)拓展产业链现代化的区域外延

新区域产业治理要求重视数字信息技术下的产业跨界、跨区域融合,因此,需要拓宽区域产业基础高级化和产业链现代化的地理空间范围,从更高站位统筹规划本区域产业结构升级和布局问题。一方面,不要求所有产业基础要素体系在本区域内的完全独立性、完整性,而要求区域主导产业具有非常完备的自给自足的产业基础能力支撑;另一方面,无须过度追求供应链、价值链、空间链在本区域的完整闭合、全面协同,将产业自主可控简单理解为自成体系的产业链。而是在充分剖析本区域产业发展的传统优势、现实优势以及潜在优势的基础上,展开区域传统优势产业结构存量和调整分析,紧密结合数字经济发展态势,助推跨区域的产业协同融合发展。剖析产业链现代化的区域优势。遵循产业基础高级化和产业链现代化的路径和要求,瞄准优势领域进行提质发展,在跨区域产业协同融合发展中牢牢稳居核心地位。明确产业链现代化的区域诉求。清晰、客观认识到本区域产业转型升级的要求和方向,通过积极主动地参与跨区域产业协同融合发展，获取本土主导产业或产业链的基础要素，提升基础产业能力。充分发挥市场在资源配置中的决定性作用，扩大产业对外开放程度，促进区域内外产业链的协调联动，助推区域产业结构的日益合理化。高度重视新一代数字技术对实体经济尤其是制造业的赋能作用，依托区域内外产业发展资源，做好产业数字化和数字产业化两篇文章。

（四）优化产业创新生态系统

优化创新生态优化营商环境行动。落实省领导联系产业集群（产业链）的工作机制，明确市州和省级部门责任。建立健全先进制造业统计监测体系，将打造国家重要先进制造业高地纳入全省高质量发展评价体系和省政府综合督查，对真抓实干取得明显成效的地方加大支持力度。围绕体制机制改革、要素保障等出台政策措施，引导技术、资金、人才等各类要素资源向制造业聚集。

把创新摆在核心地位，围绕产业链部署创新链，围绕创新链布局产业链，引导创新资源向先进制造业领域优先配置，激发中小企业创新活力。重视制造生态，支持企业牵头组建技术创新联合体，打造具有领先优势的研发平台，推动新一代信息技术与制造业深度融合、先进制造业与现代服务业深度融合、军民深度融合，围绕产业链供应链的关键环节、薄弱环节精准招商，完善集群配套。完善应用生态，重点支持"3＋3＋2"先进制造业集群企业开发一批重大创新产品，创新产品就近先试先用，加强对重大技术装备首台（套）、重点新材料首批次和软件首版次应用奖补力度。

优化人才成长环境行动。弘扬企业家精神，培养一支爱国、创新、诚信、奋斗，具有强烈社会责任感和国际视野的企业家队伍。紧紧围绕提升企业核心竞争力，积极开发利用国内国际两种人才资源，推进经营管理人才职业化、市场化、专业化和国际化。对打造国家重要先进制造业高地做出重大贡献的技术管理人才和团队给予资金奖励。弘扬劳动精神、劳模精神和工匠精神。搭建平台开展产业工人技能竞赛，开展"湖南制造业工匠"评选，每年重奖高技能人才。

参考文献

［1］韩晶．危中寻机中国产业链如何加速崛起［J］．人民论坛，2020（28）：98－101．

［2］侯治平，吴艳，杨堃，贺正楚．全产业链企业国际化程度、研发投入与企业价值［J］．中国软科学，2020（11）：124－133．

［3］黄群慧，倪红福．基于价值链理论的产业基础能力与产业链水平提升研究［J］．经济体制改革，2020（5）：11－21．

［4］刘怀德．推动产业链现代化闯出高质量发展新路子［J］．湖南社会科学，2020（6）：

9 – 15.

　　［5］刘志彪. 产业基础高级化：动态比较优势运用与产业政策［J］. 江海学刊，2019（6）：25 – 32 + 254.

　　［6］刘志彪. 产业链现代化的产业经济学分析［J］. 经济学家，2019（12）：5 – 13.

　　［7］盛朝迅. 构建现代产业体系的瓶颈制约与破除策略［J］. 改革，2019（3）：38 – 49.

　　［8］王静. 产业链、供应链"逆卷化"研究［J］. 上海经济研究，2021（7）：91 – 104.

　　［9］肖万春. 改革开放的成功经验［J］. 新湘评论，2019（4）：23 – 24.

　　［10］叶敏华. 新冠肺炎疫情影响下的全球产业链重构与中国应对之策［J］. 上海市经济管理干部学院学报，2021，19（1）：10 – 16.

战略性新兴产业助推湖南
"三个高地"建设的对策研究*

内容提要: 习近平总书记对湖南提出了"三高四新"的战略定位,为湖南发展注入了强劲动力。"三高四新"战略对湖南战略性新兴产业发展提出了新要求,也赋予了新使命。发展战略性新兴产业,是打造"三个高地"建设的重要抓手。"十三五"期间,湖南将发展战略性新兴产业作为构建现代化经济体系和促进经济高质量发展的重要举措,战略性新兴产业在规模提升、体系建设、创新能力培育、集群化发展等方面取得显著成效,为"三个高地"建设打下了坚实的基础。但现阶段全球发展形势错综复杂,全球产业链供应链进入深度重构重组,湖南战略性新兴产业发展机遇与挑战并存。湖南应从着眼前沿技术、优化产业布局、打造世界级产业链集群以及完善产业发展环境等方面着手,多措并举地推动战略性新兴产业发展,以更好地助推湖南"三个高地"建设,为经济社会高质量发展夯实基础。

关键词: 战略性新兴产业;先进制造业;科技创新;改革开放

核心观点:

(1) 战略性新兴产业是湖南先进制造业高地建设的先导产业和主要力量,湖南先进制造业高地建设离不开战略性新兴产业的发展,战略性新兴产业培育是湖南推动制造业高质量发展、提升产业链供应链现代化水平以及推动制造业数字化发展的重要内容。

(2) 战略性新兴产业与科技创新天然适配、相互融合,对社会经济全局和长远发展具有重大引领带动作用,战略性新兴产业在企业创新能力提升、科技创新人才培养

---

* 本文为湖南省哲学社会科学基金项目(18YBQ052)、湖南省自然科学基金项目(2021JJ40217)以及湖南省社科成果委员会基金项目(XSP20YBC22)、湖南省教育厅基金项目(18C0307)的阶段性成果。

以及加快创新平台建设等方面对科技创新高地建设发挥重要作用。

（3）战略性新兴产业是激发市场活力、完善经济治理体系、建立高标准市场体系改革的重要参与主体，也是湖南建设开放型经济体系、引进外资和促进高新技术产品贸易的重要引擎，是未来湖南实施五大开放行动的主要力量。

（4）现阶段，湖南战略性新兴产业发展机遇与挑战并存，相关产业政策和行动措施应从着眼前沿技术、优化产业布局、打造世界级产业链集群以及完善产业发展环境等方面，进一步夯实产业发展基础、加强产业创新能力建设、提升产业链配套水平和促进创新资源凝聚，稳步推动战略性新兴产业的可持续发展，以更好地助推湖南"三个高地"建设，为经济社会高质量发展贡献力量。

一、引言

战略性新兴产业是以重大技术突破和重大发展需求为基础，对经济社会全局和长远发展具有重大引领带动作用，是知识技术密集、物质资源消耗少、成长潜力大、综合效益好的产业。2010 年 9 月 8 日国务院常务会议审议并原则通过《国务院关于加快培育和发展战略性新兴产业的决定》，将推动战略性新兴产业发展上升为国家战略。经过 10 年发展，跨越了"十二五"规划和"十三五"规划，我国战略性新兴产业获得快速发展。2020 年《中共中央关于制定国民经济和社会发展第十四个五年规划和二〇三五年远景目标的建议》中明确提出要"发展战略性新兴产业"，着力"构建一批各具特色、优势互补、结构合理的战略性新兴产业增长引擎"。从 2010 年的"七大领域战略性新兴产业"到 2020 年的"九大领域战略性新兴产业"，我国不断根据经济社会发展调整产业领域范围，积极发挥市场主体作用，科学施策推进产业培育，战略性新兴产业逐步成为我国推进产业结构升级和经济高质量发展的先导产业和支柱产业，成为引领国家未来发展的重要决定性力量，对我国形成新的竞争优势和实现跨越发展至关重要。

2020 年，习近平总书记对湖南提出的"三高四新"战略定位，为湖南发展注入了强劲动力，也提出了新要求。战略性新兴产业培育是打造"三个高地"、践行"四新"使命的重要抓手。通过提升高端装备、新材料等制造业发展质量，打造一批具有国际竞争力的制造业品牌和产业集群，为打造国家重要先进制造业高地奠定基础；通过完善创新体系，突破新兴产业发展的关键核心技术，为打造具有核心竞争力的科技创新高地夯实支撑；通过体制机制改革，积极释放新业态新模式活力，推进全方位多元化的创新合作，为打造内陆地区改革开放高地提供湖南范式。由此可见，战略性新兴产业是湖南培育新发展动能、构建新发展格局的必由之路，是实现经济强省、科技强省、生态强省、开放强省以及健康湖南的重要力量，是抢占未来科技与经济发展制高点的战略选择，对打造区域经济发展新优势和实现"三个高地"建设具有重要的战略和现实意义。

二、战略性新兴产业助推湖南 "三个高地"建设的现实基础

（一）战略性新兴产业与先进制造业高地建设

先进制造业高地建设是要着力推进先进装备制造业倍增、战略性新兴产业培育、智能制造赋能、食品医药创优、军民融合发展、品牌提升、产业链供应链提升、产业基础再造八大工程，推动产业向高端化、智能化、绿色化、融合化方向发展，提升产业发展质量效益和竞争力。战略性新兴产业具有根源于先进制造业的天然属性，国务院 2012 年和 2016 年制定的"十二五"和"十三五"规划以及国家统计局公布的《战略性新兴产业分类（2012）》中提出的七大战略性新兴产业都属于先进制造业范畴，在相关政策的推动下，计算机、通信设备、信息技术、轨道交通、新能源汽车等战略性新兴工业已成为制造业的重要引擎。因此，湖南先进制造业高地建设离不开战略性新兴产业，战略性新兴产业培育是湖南推动制造业高质量发展、提升产业链供应链现代化水平以及推动制造业数字化发展的重要内容。

1. 战略性新兴产业是制造业高质量发展的主导产业

战略性新兴产业涵盖九大产业，分别是新一代信息技术产业、高端装备制造产业、新材料产业、生物产业、新能源汽车产业、新能源产业、节能环保产业、数字创意产业和相关服务业。而湖南制造业高质量发展规划中的先进装备制造业倍增工程、战略性新兴产业培育工程、制造赋能工程、食品医药创优工程以及军民融合发展工程五大工程中涉及的工程机械、轨道交通、航空动力、新一代信息技术、节能环保、新能源、生物医药、信息技术与制造业融合、新兴领域军民融合发展等重点产业都属于战略性新兴产业涵盖范围。另外，从产业发展现状来看，2015～2020 年，湖南战略性新兴产业规模以上工业增加值年均增速达到 9.9%，高于同期规模以上全省总体工业增加值 3 个百分点。2020 年全省实现战略性新兴产业增加值 4190.73 亿元，占 GDP 比重达到

10.0%。战略性新兴产业在引领经济增长的同时，还引领供给升级和企业转型，如通过微电子和光电子材料和器件、新型功能材料、高性能结构材料等领域的科技攻关，形成新材料与智能绿色制造体系；通过突破创新药物和基本医疗器械关键核心技术，形成创新药物研发和先进医疗设备制造的医药研发产业链等，是湖南推动制造业高质量发展的主导产业。

2. 战略性新兴产业是提升产业链供应链现代化水平的先导产业

产业链供应链提升工程是要着力构建自主可控、安全高效的产业链供应链，聚焦先进制造业，着眼工业新兴优势产业链分行业做好产业链供应链战略设计和精准施策，大力建链补链延链强链，推动产业链与供应链、创新链、资金链、政策链深度融合，优化区域产业链布局，提升主导产业本地配套率，提高供应链协同共享能力，提高产业链供应链稳定性和竞争力。2016年，湖南在深入开展制造强省战略行动基础上，确立了先进轨道交通装备产业链、工程机械产业链、新型轻合金产业链、化工新材料产业链、碳基材料产业链、显示功能材料产业链、先进陶瓷材料产业链、先进硬质材料产业链、先进储能材料及电动汽车产业链、新能源装备产业链等20个新兴优势产业链，这20条新兴优势产业链是有产业基础、有龙头企业、有研究力量的，产业链结构相对完善，且全都布局在湖南12大核心产业中，具有较大发展潜力，有望打造成千亿产值的产业，是湖南大力提升产业链供应链现代化水平的先导产业。例如，先进轨道交通装备产业，从上游可以带动原材料、基础建设施工、工程机械以轨道基建配套设施等供应链的发展，下游可以推进交通运营以及安全监测与维护等产业的发展，汇聚了中车株洲电力机车、电机公司、联诚集团、中铁道岔、湘潭电机等龙头企业，在全省范围内布局了3家国家级工程技术（研究）中心、4家国际级企业技术中心、2个国际级重点实验室、6个博士后工作站，140多名教授级高级工程师等专家型人才，产品先进性和技术能力跻身世界一流水平，新一代轨道交通整车制造、核心部件以及关键系统技术研发和产业化、规模化发展水平引领行业发展，产业链供应链链条完备，产业集聚程度高，规模效应突出，是湖南产业链供应链建设的成功典范，也是未来湖南提升轨道交通产业现代化水平的重点建设任务和先导产业。

3. 战略性新兴产业是推动制造业数字化发展的主要力量

制造业数字化发展要顺应新一轮科技革命趋势，充分发挥信息化驱动引领作用，推动经济社会发展数字化、网络化、智能化，大力推进数字产业化，发展壮大电子信息制造业，加快发展互联网、大数据、云计算、人工智能等产业，做强做优软件服务业，拓展新一代信息技术应用场景。大力推进产业数字化，拓展工业互联网融合创新应用，推动企业"上云用数赋智"，推进服务业数字化转型。从战略规划要求来看，湖南数字化发展依托的核心产业是新一代信息技术产业中的下一代信息网络产业、信息技术服务、人工智能等产业，新一代信息技术产业是推动制造业数字化发展的主要力量。2021 年，湖南省政府印发的《湖南省"十四五"战略性新兴产业发展规划》中也明确提出，新一代信息技术产业要面向"网络化、智能化、融合化"发展趋势，加快信息基础设施发展，统筹规划云计算、大数据中心、加强人工智能算力基础设施布局，提升信息制造产业支撑水平，推动量子点、激光等新型显示技术研发与产业化，大力发展软件和信息服务，提高信息技术应用创新能力，完善工业互联网整体解决方案，强化创新融合应用，推动人工智能、云计算、大数据等在经济社会各领域创新应用。规划中提出的 5G 基站建设、集成电路和新型显示、软件及信息服务产业、工业互联网、信息安全产品与服务、云计算和大数据、人工智能、区块链以及 5G 应用场景等重点任务与数字化发展的建设任务高度吻合，湖南新一代信息技术产业发展水平直接决定了湖南数字化发展水平，推动新一代信息技术产业发展就是推动湖南的数字化发展。

（二）战略性新兴产业与科技创新高地建设

科技创新高地建设是要坚持创新在现代化建设中的核心地位，落实科教兴国、人才强国、创新驱动发展等战略，面向世界科技前沿、经济主战场、国家重大需求、人民生命健康，制定实施打造具有核心竞争力的科技创新高地，着力推进核心技术攻关、技术研究发展、创新主体增量提质、芙蓉人才行动、创新平台建设、创新生态优化、科技成果转化"七大计划"，加快科技创新体系建设，全面塑造发展新优势。战略性新兴产业以重大技术突破和重大发展需求为基础，技术创新是战略性新兴产业得以发展的必要条件，战略性新兴产业与科技创新天然适配、相互融合，对社会经济全局和长远发展具有重大引领带动作用。具体而言，战略性新兴产业在企业创新能力提升、科技创新人才培养以及加快创新平台建设等方面对科技创新高地建设发挥重要作用。

1. 战略性新兴产业是提升企业创新能力的重要引擎

企业创新能力提升要强化企业创新的主体地位，发挥企业家在技术创新中的重要作用，鼓励企业加大研发投入，推动规模以上工业企业研发机构、科技活动全覆盖，推动产学研深度融合，实施创新主体增量提质计划，大力培育高新技术企业、科技型中小微企业。从企业创新活动开展情况来看，2020 年湖南战略性新兴产业企业开展创新活动的企业数为 5706 家，其中实现创新的企业数为 4847 家，同时实现了四种创新的企业数为 1217 家，开展创新活动的企业行业平均占比为 71.81%，高出全体工业企业平均值 8.17 个百分点；实现创新的企业行业平均占比为 60.63%，高出全体工业企业平均值 8.64 个百分点；同时实现四种创新的企业行业平均占比为 14.92%，高出全体工业企业平均值 3.28 个百分点。从创新产出能力方面来看，2020 年湖南战略性新兴产业规模以上工业企业实现新产品销售收入 5925.8 亿元，占全部规模以上工业企业总体的 70.65%；专利申请数为 26645 件，占全体规模以上工业企业总体的 66.9%；有效专利数 32026 件，占全体规模以上工业企业总体的 88.45%。另外，从高新技术产业情况来看，纳入统计范围的电子信息技术、生物与新医药技术、航空航天技术、新材料技术、高技术服务业、新能源及节能技术、资源与环境技术七大产业都属于战略性新兴产业，2020 年高新技术产业中这七大战略性新兴产业的企业总数达到 9713 家，占全体高新技术产业企业总数的 76.1%，实现工业增加值 6116.8 亿元，占全体高新技术产业总产值的 62.4%。从这几组数据可以看出，无论是从创新活动开展、创新产出能力还是在引领高新技术产业发展方面，战略性新兴产业都发挥了重要作用，是提升企业创新能力的重要引擎。

2. 战略性新兴产业是会聚科技创新人才的重要平台

习近平指出，加快建设世界重要人才中心和创新高地，必须把握战略主动，做好顶层设计和战略谋划，要在科技创新主力军队伍建设取得重要进展，顶尖科学家集聚水平明显提高，人才自主培养能力不断增强，在关键核心技术领域拥有一大批战略科技人才、一流科技领军人才和创新团队。战略性新兴产业作为湖南企业创新能力提升的主力军，也是会聚科技创新人才的重要平台。从科技人员数量来看，2020 年湖南全省战略性新兴产业有 R&D 投入企业数 3950 家，占全体规模以上工业企业数量的 49.56%；科研人数数量 111750 人，占全体规模以上工业企业总科研人员数的 63.8%；全时科研人员 85761 人年，占全体规模以上工业企业的 66.69%，由此可见，战略性新兴产业相较于一般工业企业而言，更能够会聚科研人员。另外，依托工程机械、先进轨道交通装备、航空动力、智能制造装备、新型功能材料等新兴产业集聚优势，通过大力实施芙蓉人才行动计划，"十三五"时期，湖南引进各类人才 60 余万人，引育高水平创新团队 70 余个、高层次专家 1100 多名，目前在湘两院院士 83 名、湘籍院士 121 名。

3. 战略性新兴产业是加快创新平台建设的重要载体

创新平台建设要增强创新服务能力，积极争取布局建设国家实验室、大科学装置，培育建设一批重点实验室、工程研究中心、企业技术中心以及新型研发机构等，推动科技城产教研深度融合，打造全国一流的大学城、科技城、创业城。"十三五"期间，湖南一批重大工程、重点项目加快推进，"五个 100"工程累计实施 237 个重大产业建设项目，176 个重大科技创新项目，201 个重大产品创新项目，在湘世界"500 强"增至 179 家；实施战略性新兴产业技术攻关项目 340 个；岳麓山实验室、生物种业创新中心、先进轨道交通装备创新中心等重大科技创新项目稳步推进。2020 年末，国家和省级工程研究中心（工程实验室）分别达到 16 个和 286 个，国家级和省级重点实验室分别达到 19 个和 338 个，国家和省级工程技术研究中心分别达到 14 个和 453 个，全省国家级和省级双创示范基地分别达到 7 家和 107 家。另外，依托战略性新兴产业优势资源，岳麓山国家大学科技城、马栏山视频文创产业园、郴州国家可持续发展议程创新示范区等重大战略平台先后获批建设，其中，工程机械、轨道交通装备产业规模稳居全国第一，电力机车市场份额世界第一；新材料总量规模居中部第一，先进储能材料产业市场占有率、硬质合金产量均位居全国第一，战略性新兴产业成为湖南加快创新平台建设的重要载体。

（三）战略性新兴产业与改革开放高地建设

改革开放高地建设是要坚持改革不停顿、开放不止步，制定实施打造内陆地区改革开放高地规划，重点推进深化国资国企、投融资体制、要素市场化配置等"四大改革行动"，深入推进"五大开放行动"，推动更深层次改革和更高水平开放，在新的征程上推动改革开放实现新突破。战略性新兴产业的相关企业涵盖国有企业、民营企业以及外资企业等各种类型，包括大、中、小、微各种形式，作为重要的市场参与主体，其在激发市场活力、完善经济治理体系、建立高标准市场体系等改革中必将成为重要的推动力量。在改革开放行动中，战略性新兴产业作为先进制造业、未来产业的重要组成部分，是引领国家未来发展的重要决定性力量，也是参与新一轮产业链重构、直面日趋激烈的国际竞争的中坚力量，承担着湖南建设开放型经济新体制、高水平"引进来""走出去"的重要任务。

1. 战略性新兴产业是四大改革行动的参与主体

四大改革行动要求政府层面积极推动国有企业混合所有制改革，加快完善中国特色现代企业制度；深化投融资体制改革行动，充分激发各类投资动力与活力；建设高标准市场体系，促进土地、劳动力、资本、技术、数据等要素自主有序流动；转变政府职能，推进产业园区市场化改革，鼓励跨区域重组整合、集团化联动发展。截至2020 年，湖南战略性新兴产业规模以上企业数量为 7807 家，占全体工业规模以上企业总数的 42.8%，其中国有控股公司 345 家，占全部国有股东公司的 45.5%，战略性新兴产业企业占据了湖南规模以上国有企业的半壁江山，是湖南推动国有企业混合所有制改革、完善中国特色现代企业制度的重要参与主体。在民营经济发展方面，2020 年湖南战略性新兴产业规模以上企业数为 6333 家，占全体规模以上民营企业数量的40%，是民营经济发展的重要组成部分，是政府保护民营企业产权和企业家权益、促进民营经济健康发展的主要对象。在投融资体制改革、要素市场资源市场化配置等方面战略性新兴产业企业也是重要参与主体和主要激励对象。另外，在产业园区发展方面，战略性新兴产业表现出明显的集聚发展态势，逐步形成工程机械、先进轨道交通装备、航空动力三大世界级产业集群，长沙智能制造装备、湘潭智能制造装备、岳阳新型功能材料和娄底先进结构材料入选国家第一批战略性新兴产业集群发展工程，长沙工程机械、株洲轨道交通装备产业集群入围第一批国家先进制造业集群名单，这些战略性新兴产业集群是鼓励跨区域重组整合、集团化联动发展的主要对象，也是推动四大改革行动的重要参与主体。

2. 战略性新兴产业是五大开放行动的主要力量

五大开放行动是要建设开放型经济新体制，强化对外开放支撑体系，高质量建设中国（湖南）自由贸易试验区，探索建设自贸区联动创新区，高水平"引进来""走出去"，坚持引资引技引智相结合，推动对外贸易高质量发展。从扩大进口贸易方面来看，战略性新兴产业规模以上企业 2020 年实现出口交货值 1309.2 亿元，占全体规模以上工业企业出口总额的 71.2%，其中新产品出口值达到 516.24 亿元，占全体规模以上工业企业新产品出口值总额的 87.4%。在高新技术产品贸易方面，2020 年全省实现高新技术产品进口 431.1 亿元，高新技术产品出口 416.2 亿元，其中战略性新兴产业相关产品占比均达到 99.9% 以上，是湖南高新技术产品进出口的绝对主导。从"引进来"方面来看，湖南战略性新兴产业现有规模以上外资企业 256 家，占全体规模以上工业外资企业的 54.47%，实际利用外资 778.8 亿元，占全省全年实际利用外资总额的 62.1%。由此可见，战略性新兴产业是拉动湖南进出口贸易的重要引擎，也是湖南建设开放型经济体系、引进外资和高新技术产品贸易的重要参与主体，是未来湖南实施五大开放行动的主要力量。

三、战略性新兴产业助推湖南 "三个高地" 建设的未来挑战

战略性新兴产业是未来最具潜力的产业之一，产业发展面临技术挑战、中美贸易摩擦等国际形势带来的科技合作、技术引进、进出口贸易环境变化进一步加剧了战略性新兴产业基础和应用技术进步、产业结构调整和升级的难度。当前阶段，湖南战略性新兴产业发展的核心层面仍然存在较大短板，表现为原创性技术成果缺乏、产业区域协同性不足、产业链配套水平有待增强、结构性人才短缺。与发达国家以及国内其他发达省份相比，湖南的科技战略架构、底层核心技术、关键设备还存在较大差距，战略性新兴产业未来发展将面临巨大挑战。

（一）国际国内发展环境变化带来的挑战

1. 复杂多变的国际环境带来新挑战

从国际看，全球发展形势错综复杂，战略性新兴产业发展机遇与挑战并存。当前世界正经历百年未有之大变局，新一轮科技革命和产业变革正处在实现重大突破的历史关口，全球科技创新进入空前密集活跃期，前沿技术呈现集中突破态势，全面涌现的链式发展局面正在形成，在此背景下，发达国家为维护其现有的产业链优势，必然会加大对技术转移、跨国投资等规制性措施的调整，战略性新兴产业即将面临不利的国际发展环境。与此同时，世界政治经济格局面临深刻变化，国际分工体系全面调整将导致关键环节的国际竞争壁垒进一步加剧，各类动荡源和风险点显著增多，加之战略性新兴产业的国际治理体系不健全，互联网平台企业的垄断认定、新型生物技术的伦理问题、个人数据的隐私保护等缺乏统一认定规则，对战略性新兴产业的国际化发展带来不利影响。新冠肺炎疫情的持续紧张，导致部分产业领域市场需求受阻，产业链供应链链条断裂，这一形势将加速产业链供应链深度重构重组，为我国战略性新兴产业发展带来诸多挑战。

2. 转型新阶段的国内经济带来新变化

从国内看，经济社会步入高质量发展阶段将催生新兴增长动能，提升自主创新能力刻不容缓。我国已开启全面建设社会主义现代化国家新征程，"把握新发展阶段、贯彻新发展理念、构建新发展格局、推进高质量发展"的要求将充分激发新动力。战略性新兴产业在推动经济高质量变革、效率变革和动力变革的过程中主要面临三个方面的变化：一是创新阶段的变化，随着我国产业技术水平的不断提高，我国产业技术水平与国际差距逐渐缩小，这就要求我国战略性新兴产业的创新必须由原来的引进、消化、吸收、再创新向基础性创新、引领性创新转型。二是市场结构的变化，高质量发展阶段对产品和服务质量要求不断提高，对战略性新兴产业的技术要求提高，必须发挥好其在扩大内需、完善工业体系和促进消费增长的独特优势。三是产业布局的变化，一方面，粤港澳大湾区、长江经济带、长江三角洲区域一体化、京津冀协同发展对战略性新兴产业的布局提出来新要求；另一方面，现有国家对战略性新兴产业的培育重点更关注区域集群的建设，即在重点区域推动重点产业链集群建设，进而实现整个产业竞争力的提升。

3. 新战略阶段的省内形势赋予新使命

从省内看，发展战略性新兴产业是推动湖南经济社会高质量发展的重要力量，是打造"三个高地"、践行"四新"使命的重要抓手。"三高四新"战略对战略性新兴产业提出了新要求，也赋予了新使命。一是通过发展高端装备、新材料、新一代信息技

术产业等推动制造业高质量发展，全面提升供应链产业链现代化水平，推动制造业数字化发展，打造一批具有国际竞争力的制造业品牌和产业集群，为打造国家重要先进制造业高地奠定基础。二是通过完善产业创新体系，探索形成新兴领域特色自主创新模式、突破产业发展的关键核心技术，要求战略性新兴产业担当科技自立自强重任，为打造具有核心竞争力的科技创新高地夯实基础。三是通过体制机制改革、深化投融资体制改革，充分激发和释放市场活力，通过扩大对外贸易、高水平"走出去""引进来"、坚持引资引技引智相结合等方式建立对外开放经济体系，推动对外贸易高质量发展，为打造内陆地区改革开放高地营造发展环境。

（二）产业自身能力不足带来的挑战

1. 原创性技术成果较为欠缺

近年来，湖南战略性新兴产业结构不断优化，核心产业优势显著，特色产业不断壮大，工程机械和轨道交通装备产业规模稳居全国第一，其中工程机械主营业务收入占全国1/4以上，电力机车市场份额世界第一。新材料总量规模居中部第一、全国前列，先进储能材料产业市场占有率、硬质合金产量位居全国第一。但这些产业中的相关企业主要擅长产品开发应用，对基础性研发重视不足，能够体现综合创新能力和制造实力的重大技术装备不多，许多高技术、高附加值的成套装备与国外差距较大，重大装备、高新领域、关键设备主要依赖国外进口，核心装备仪器缺乏有效供给保障，原创性技术成果较为欠缺，严重制约了相关产业创新能力提升，对战略性新兴产业未来发展动能培育产生较大影响。

2. 产业区域协同性不足

在区域分布方面，湖南战略性新兴产业呈现出"一极多点"的发展格局，长株潭城市群为核心增长极，岳阳、常德、衡阳、娄底等地逐渐形成了各具特色的战略性新兴产业增长点。但在区域协同方面缺乏地区之间的宏观统筹，各地市州发布的战略性新兴产业规划并没有立足自身条件和优势进行合理定位和差异化分工，产业建设存在重复现象，甚至有些地方因企设园，仅有一两家稍微上规模的大企业就大肆宣传要发展相关产业链，盲目跟风式投入造成低水平重复建设、无序竞争和产能过剩，严重影响战略性新兴产业的可持续发展。

3. 产业链配套水平有待增强

"十三五"规划以来，湖南在"创新引领，开放崛起"的战略引领下，各级持续加大科技投入，推动产业创新发展，战略性新兴产业体系逐步健全。但受地理区位以及资源影响，部分战略性新兴产业发展存在企业规模小、上中下游各产业分布不集中、产业互补性较差、创新集成度低、产业聚集效应不显著等问题。例如，先进轨道交通制造业就在科技储备、设计仿真和试验验证等原始创新方面缺乏核心基础器件技术和产品的全方位配套,尚未形成一批"高、精、特、专"的产品配套企业群体。工程机械制造业也缺乏重大装备和成套装备制造技术配套企业,机械主机产品本地配套率平均不足30%,70%以上的关键核心零部件配套能力需要依靠国外或外省的外协或者外购件。产业链配套能力不足的现状大大增加了相关企业运营成本,成为制约其向产业链高端升级的瓶颈。

4. 产业人才供给存在结构性短缺

截至2020年,湖南战略性新兴产业规模以上企业从业人员达到161.9万人,其中从事R&D活动的人员为9.5万人,在企业办科研机构专职从事科研活动的人员为5.3万人,这些人才有力地支撑了相关产业的快速发展。但随着新业务、新模式、新技术的出现以及产业发展的国际化,产业人才供给存在结构性短缺,主要表现为:一是人才对重点产业的支撑不够,随着芯屏端网、智能制造、生物医药等产业的发展,相当一部分企业反映人才紧缺,特别是具有一定研发能力的技术人才供不应求,人工智能、网络安全等产业更是一才难求。二是人才专业与重点产业需求不匹配,尽管湖南高校、科研机构拥有20多个一流建设学科,在湘两院院士高达83名,但这些专家多集中在水利水电、测绘测量、机械制造、传统材料、地质和农业等领域,在智能装备制造、先进轨道交通制造、新型材料研发等领域的专家相对缺乏,优势学科与产业需求不匹配。

四、战略性新兴产业助推湖南 "三个高地" 建设的对策建议

新发展阶段湖南战略性新兴产业发展进入重要战略机遇期,要辩证认识和把握发展大势,增强机遇意识和风险意识,相关产业政策和行动措施应从着眼前沿技术、优化产业布局、打造世界级产业链集群以及完善产业发展环境等方面,以夯实产业发展基础、加强产业创新能力建设、提升产业链配套水平和促进创新资源凝聚,进而稳步推动战略性新兴产业的可持续发展,以更好地助推湖南"三个高地"建设,为经济社会高质量发展贡献力量。

1. 着眼前沿领域、颠覆性技术,夯实产业发展基础

关键核心技术受制于人,基础元器件、原材料、核心装备、工业软件等原创性技术成果的对外依赖程度高是制约湖南产业安全和战略性新兴产业高质量发展的关键难题。面对复杂的国际环境和未来产业高质量发展要求,湖南必须以破解制约新兴产业

高质量发展的"卡脖子"技术为突破口，夯实产业基础为核心任务，集中优势资源，瞄准关键核心技术和重点产业，加强资源整合，以重大工程项目为抓手，着眼前沿领域、颠覆性技术，瞄准产业链中高端，超前布局未来产业发展，进一步调整和优化发展方向，加快发展新能源汽车、人工职能、移动互联网、合成生物学、超材料等前沿技术和重大原创性成果，从根本上改变产业发展受制于人的局面，实现产业关键核心技术自主可控，推动战略性新兴产业高质量发展。

2. 优化产业布局，加强企业创新能力建设

结合湖南战略性新兴产业的发展基础以及"十四五"时期即将面临的重大挑战和发展机遇，湖南应从以下三个方面优化产业布局，充分发挥企业在创新中的主体地位，着力加强战略性新兴企业创新能力建设。一是"补短板"。国际国内新发展格局提出的新要求，使湖南必须高度重视自身产业链中的核心短板，针对湖南在集成电路生产基础工艺、重大（成套）装备、高端功能性材料等重点"卡脖子"领域，在把握好系统工程及总体设计思路基础上，集中公关予以突破。二是"促长板"。在先进轨道交通装备、航空动力等具有一定竞争实力的战略性新兴产业领域，必须牢牢掌握创新主动权和话语权，加快形成在国际产业分工系统中拥有制衡能力的"长板"，重点在智能装备制造、人工智能、新能源汽车等产业，推进整体创新体系建设，培育形成具备引领能力的产业标准和认证体系。三是"强基础"。在产业发展规划方面，要具有长期战略性，重点布局基础研究，特别对基础材料、基础工艺等制约产业发展水平的源头性产业要长期持续投入，久久为功，以图长远。

3. 打造世界级产业链集群，提升产业链配套水平

"十四五"时期，全球供应链和产业链将加速重构，区域性产业链集群有利于提升产业链的抗风险能力。湖南已逐渐建成工程机械、先进轨道交通装备、航空动力三大世界级产业集群，在全球产业链中具有举足轻重的地位，也积累了一定的打造世界级产业链集群的经验，应在进一步完善现有世界级产业链集群的基础上，结合"一带一路"建设、长江经济带建设、粤港澳大湾区等城市群或区域规划，加快筹划建设一批后疫情时代的世界级区域性产业集群。通过打造完善的世界级产业链集群，强化产业链、优化价值链、提升创新链，推动产业集群发展动力变革，同时坚持区域协同发展，优化新兴产区空间资源配置，提升产业链配套水平，营造产业集群发展的良好环境，不断提升湖南战略性新兴产业集群的国际竞争力。

4. 完善产业发展环境，促进创新资源凝聚

良好的产业政策环境是推动战略性新兴产业健康发展的重要保障。"十四五"时期，湖南应进一步完善战略性新兴产业发展的政策环境，充分发挥产品市场对技术市场的促进作用。一是创建有利于战略性新兴产业发展的生态环境，进一步深化创新体

制机制改革，完善自主创新产品审批机制，破除有碍创新的各类障碍，形成有效市场需求，畅通创新产品进入市场的渠道，鼓励企业在市场应用中完善提升技术，促进自主创新技术和产品的快速产业化、规模化应用和迭代升级。二是构建有助于产业发展的资源引导机制，加大财政投入，在战略性新兴产业大力推进减税降费工作，加大创新人才工程实施力度，完善投融资体制，引导社会资源向创新领域集聚。三是引导战略性新兴产业对外开放发展。通过"引进来"和"走出去"齐头并进的策略，引导战略性新兴产业相关企业主动对接国际创新体系，为引入国际创新资源，尤其是国际人才创造便利条件，积极参与全球数字贸易规则、平台经济等领域国际标准制定，大力发展金融、人力、会计、知识产权等领域的国际化服务机构，为战略性新兴产业企业"走出去"提供高质量服务。

参考文献

[1] 谌群芳，陈积明. 加快推进战略性新兴产业到战略性新兴学科的战略布局 [J]. 黑龙江教育，2021（10）：53－56.

[2]《湖南省"十四五"战略性新兴产业发展规划》，2021年8月，湘政办发〔2021〕47号.

[3]《湖南省国民经济和社会发展第十四个五年规划和二〇三五年远景目标纲要》，2021年3月.

[4] 李丹，黄锐. 湖南省战略性新兴产业创新效率提升的对策研究——基于2010～2018年行业数据的实证分析 [J]. 江苏商论，2021（8）：99－102.

[5] 林侃. 加快发展战略性新兴产业 打造现代产业体系新支柱 [N]. 福建日报，2021－10－30（02）.

[6] 杨红义，张晓丽. 大力发展战略性新兴产业 [N]. 运城日报，2021－10－25（01）.

[7] 郑准，张凡. 战略性新兴产业集群国际化的理论阐释与政策构建——以德国 InterClust 集群国际化计划为例 [J]. 科技与经济，2021（5）：16－20.

[8] 中国工程科技发展战略研究院. 2021中国战略性新兴产业发展报告 [M]. 北京：科学出版社，2020.

后 记

　　湖南创新发展研究院（Hunan Institute of Innovation and Development，以下简称研究院）于 2013 年经由湖南省科技厅批准成立，2017 年与上海社会科学院签订战略合作协议共建"长江经济带创新发展联合研究中心"，2018 年经湖南省委宣传部认定为"专业特色智库"，是湖南科技大学直属的独立科研机构。研究院战略定位为：以一流学科建设为中心，立足于高质量发展，服务国家创新发展战略与湖南"三高四新"战略，打造成为国家高端特色专业智库。

　　研究院设有产业经济与绿色创新研究所、区域经济与创新发展研究所，拥有一支由国务院政府特殊津贴专家、国家"万人计划"哲学社会科学领军人才领衔的专业研究团队，专职科研人员 11 人、兼职科研人员 32 人、特邀研究人员 8 人，专职科研人员中教授 3 人、博士生导师 3 人、湖南省"121"创新人才工程第二层次人选 1 人、湖南省青年骨干教师 2 人，研究人员结构合理、视野宽广、咨询经验丰富。

　　近年来，研究院承担了国家社科基金重大项目、国家社科基金一般项目、国家社科基金青年项目、国家自然科学基金面上项目、省部级课题及地方政府、企业委托项目 60 余项；在《管理世界》、《中国工业经济》、《经济学（季刊）》、《经济学动态》、《光明日报》、《湖南日报》、*Sustainability*、*International Journal of Contemporary Hospitality Management* 等权威期刊和报纸上发表论文数百篇；连续 5 年发布了中国重点城市、湖南城市绿色创新与综合创新能力的排行榜，并在新华网、人民网、湖南卫视等权威媒体上报道，引起了国内外广泛关注；多篇成果要报获得国家和省部级领导的肯定性批示；多个研究成果获湖南省社科成果一、二、三等奖，以及多项决策咨询获得了政府部门采纳。

　　这本《绿色创新与高质量发展》是湖南创新发展研究院集体智慧的结晶，经过多次集体讨论和反复修改最终定稿。在本书的写作过程中，得到了中国社会科学院财经战略研究院、中国社会科学院经济研究所、上海社会科学院、复旦大学经济学院、南京大学经济学院、经济管理出版社、湖南省科技厅、湖南省哲学社会科学规划基金办公室、湖南省社会科学界联合会、湖南省社会科学院以及各市州科技局等多家单位领导和专家教授的指导和帮助，在此表示诚挚的谢意！

坚持把学术研究成果转化为智库政策咨询，是湖南创新发展研究院的立院之本。本书虽为智库研究报告，但实际上也是湖南创新发展研究院研究团队的一本学术合著，各位学者结合绿色创新与高质量发展的研究做了学术性探讨，提出了一些富有启发意义的建议。本书各篇文章的作者具体为：第一篇，彭文斌、韩冬初；第二篇，邝嫦娥、符安平、曹笑天；第三篇，曾世宏、肖咏嶷、包峻溪；第四篇，赵伟、李威、黄兰；第五篇，刘惠良、刘红峰、邝劲松；第六篇，张松彪、黄宇轩；第七篇，彭文斌、尹勇、胡娟；第八篇，李仁宇、骆晶、蒋怡可；第九篇，郭晓；第十篇，李华金、胡益洪、刘若玉。此外，本书的完成离不开何洁、成名婵等老师和谢晓琪、李文意、苏欣怡、刘丹、周毓、徐寰宇、吕婕、刘敏洋、李梦宇、李璐、宋创等研究生的辛勤付出，他们在书稿讨论、资料收集、数据处理、文字核对等方面做出了贡献。

由于是合著，每章的写作风格很难统一，尽管我们努力追求完美，但是由于水平有限，文中的错误和疏忽在所难免，敬请各位读者批评指正！我们将在来年的智库研究报告中改正。我们的联系方式是：0731-58290156。

俗话说"万人操弓，共射一招，招无不中"，因此湖南创新发展研究院热烈欢迎有志于创新发展研究的青年才俊加盟，同时欢迎相关研究和出版机构、政府职能部门与湖南创新发展研究院开展有益的合作，共创研究院的辉煌成绩！